中国非洲研究院文库·中国脱贫攻坚调研报告

主 编 蔡昉

国家智库报告

智库 中社

2020 National Think Tank

中国脱贫攻坚调研报告

——湘西篇

RESEARCH REPORTS ON THE ELIMINATION OF
POVERTY IN CHINA

—XIANGXI TUJIA AND MIAO AUTONOMOUS
PREFECTURE, HUNAN PROVINCE

李新烽 刘琪洲 王南 著

中国社会科学出版社

图书在版编目（CIP）数据

中国脱贫攻坚调研报告．湘西篇／李新烽等著．—北京：中国社会科学
出版社，2020.5
　（国家智库报告）
　ISBN 978 - 7 - 5203 - 6774 - 5

　Ⅰ.①中…　Ⅱ.①李…　Ⅲ.①扶贫—调查报告—湘西土家族苗族
自治州　Ⅳ.①F126

中国版本图书馆 CIP 数据核字（2020）第 115873 号

出 版 人	赵剑英
项目统筹	王　茵
责任编辑	李海莹　刘　洋
责任校对	王佳玉
责任印制	李寡寡

出　　版	中国社会科学出版社
社　　址	北京鼓楼西大街甲 158 号
邮　　编	100720
网　　址	http://www.csspw.cn
发 行 部	010 - 84083685
门 市 部	010 - 84029450
经　　销	新华书店及其他书店

印刷装订	北京君升印刷有限公司
版　　次	2020 年 5 月第 1 版
印　　次	2020 年 5 月第 1 次印刷

开　　本	787×1092　1/16
印　　张	9.5
插　　页	2
字　　数	123 千字
定　　价	56.00 元

凡购买中国社会科学出版社图书，如有质量问题请与本社营销中心联系调换
电话：010 - 84083683
版权所有　侵权必究

充分发挥智库作用
助力中非友好合作

——"中国非洲研究院文库"总序

当今世界正面临百年未有之大变局。世界多极化、经济全球化、社会信息化、文化多样化深入发展，和平、发展、合作、共赢成为人类社会共同的诉求，构建人类命运共同体成为各国人民共同的愿望。与此同时，大国博弈激烈，地区冲突不断，恐怖主义难除，发展失衡严重，气候变化凸显，单边主义和贸易保护主义抬头，人类面临许多共同挑战。中国是世界上最大的发展中国家，是人类和平与发展事业的建设者、贡献者和维护者。2017年10月中共十九大胜利召开，引领中国发展踏上新的伟大征程。在习近平新时代中国特色社会主义思想指引下，中国人民正在为实现"两个一百年"奋斗目标和中华民族伟大复兴的"中国梦"而奋发努力，同时继续努力为人类作出新的更大的贡献。非洲是发展中国家最集中的大陆，是维护世界和平、促进全球发展的重要力量之一。近年来，非洲在自主可持续发展、联合自强道路上取得了可喜进展，从西方眼中"没有希望的大陆"变成了"充满希望的大陆"，成为"奔跑的雄狮"。非洲各国正在积极探索适合自身国情的发展道路，非洲人民正在为实现《2063年议程》与和平繁荣的"非洲梦"而努力奋斗。

中国与非洲传统友谊源远流长，中非历来是命运共同体。中国高度重视发展中非关系，2013年3月习近平担任国家主席后首次出访就选择了非洲；2018年7月习近平连任国家主席后首次出访仍然选择了非洲；6年间，习近平主席先后4次踏上非洲大陆，访问坦桑尼亚、南非、塞内加尔等8国，向世界表明中国对中非传统友谊倍加珍惜，对非洲和中非关系高度重视。2018年中非合作论坛北京峰会成功召开。习近平主席在此次峰会上，揭示了中非团结合作的本质特征，指明了中非关系发展的前进方向，规划了中非共同发展的具体路径，极大完善并创新了中国对非政策的理论框架和思想体系，这成为习近平新时代中国特色社会主义外交思想的重要理论创新成果，为未来中非关系的发展提供了强大政治遵循和行动指南。这次峰会是中非关系发展史上又一次具有里程碑意义的盛会。

随着中非合作蓬勃发展，国际社会对中非关系的关注度不断提高，出于对中国在非洲影响力不断上升的担忧，西方国家不时泛起一些肆意抹黑、诋毁中非关系的奇谈怪论，诸如"新殖民主义论""资源争夺论""债务陷阱论"等，给中非关系发展带来一定程度的干扰。在此背景下，学术界加强对非洲和中非关系的研究，及时推出相关研究成果，提升国际话语权，展示中非务实合作的丰硕成果，客观积极地反映中非关系良好发展，向世界发出中国声音，显得日益紧迫和重要。

中国社会科学院以习近平新时代中国特色社会主义思想为指导，努力建设马克思主义理论阵地，发挥为党的国家决策服务的思想库作用，努力为构建中国特色哲学社会科学学科体系、学术体系、话语体系作出新的更大贡献，不断增强我国哲学社会科学的国际影响力。中国社会科学院西亚非洲研究所是当年根据毛泽东主席批示成立的区域性研究机构，长期致力于非洲问题和中非关系研究，基础研究和应用研究并重，出版和发表了大量学术专著和论文，在国内外的影响力不断扩大。以西亚非洲研究所为主体于2019年4月成立的中国非洲研究院，是习近平总书记在中非合作论坛北京峰会上宣布的加强中非人文交流行动的重要举措。

按照习近平总书记致中国非洲研究院成立贺信精神，中国非洲研究院的宗旨是：汇聚中非学术智库资源，深化中非文明互鉴，加强治国理政和发展经验交流，为中非和中非同其他各方的合作集思广益、建言献策，增进中非人民相互了解和友谊，为中非共同推进"一带一路"合作，共同建设面向未来的中非全面战略合作伙伴关系，共同构筑更加紧密的中非命运共同体提供智力支持和人才支撑。中国非洲研究院有四大功能：一是发挥交流平台作用，密切中非学术交往。办好"非洲讲坛""中国讲坛""大使讲坛"，创办"中非文明对话大会"，运行好"中非治国理政交流机制""中非可持续发展交流机制""中非共建'一带一路'交流机制"。二是发挥研究基地作用，聚焦共建"一带一路"。开展中非合作研究，对中非共同关注的重大问题和热点问题进行跟踪研究，定期发布研究课题及其成果。三是发挥人才高地作用，培养高端专业人才。开展学历学位教育，实施中非学者互访项目，培养青年专家、扶持青年学者和培养高端专业人才。四是发挥传播窗口作用，讲好中非友好故事。办好中国非洲研究院微信公众号，办好中英文中国非洲研究院网站，创办多语种《中国非洲学刊》。

为贯彻落实习近平总书记的贺信精神，更好地汇聚中非学术智库资源，团结非洲学者，引领中国非洲研究工作者提高学术水平和创新能力，推动相关非洲学科融合发展，推出精品力作，同时重视加强学术道德建设，中国非洲研究院面向全国非洲研究学界，坚持立足中国，放眼世界，特设"中国非洲研究院文库"。"中国非洲研究院文库"坚持精品导向，由相关部门领导与专家学者组成的编辑委员会遴选非洲研究及中非关系研究的相关成果，并统一组织出版，下设六大系列丛书："学术著作"系列重在推动学科发展和建议，反映非洲发展问题、发展道路及中非合作等某一学科领域的系统性专题研究或国别研究成果；"经典译丛"系列主要把非洲学者以及其他方学者有关非洲问题研究的经典学术著作翻译成中文出版，特别注重全面反映非洲本土学者的学术水平、学术观点和对自身发展问题的认识；"法律译丛"系列即翻译出版非洲国家的投资法、矿业法、建筑法、环保法、劳动法、税法、海关法、土地法、金融法、仲裁法等等重要法律法规，以及非洲大陆、区域和次区域组织法律文件；"智库报告"系列以中非关系为研究主线，中非各领域合作、国别双边关系及中国与其他国际角色在非洲的互动关系为支撑，客观、准确、翔实地反映中非合作的现状，为新时代中非关系顺利发展提供对策建议；"研究论丛"系列基于国际格局新变化、中国特色社会主义进入新时代，集结中国专家学者研究非洲政治、经济、安全、社会发展等方面的重大问题和非洲国际关系的创新性学术论文，具有学科覆盖面、基础性、系统性和标志性研究成果的特点；"年鉴"系列是连续出版的资料性文献，设有"重要文献""热点聚焦""专题特稿""研究综述""新书选介""学刊简介""学术机构""学术动态""数据统计""年度大事"等栏目，系统汇集每年度非洲研究的新观点、新动态、新成果。

期待中国的非洲研究和非洲的中国研究在中国非洲研究院成立的新的历史起点上，凝聚国内研究力量，联合非洲各国专家学者，开拓进取，勇于创新，不断推进我国的非洲研究和非洲的中国研究以及中非关系研究，从而更好地服务于中非共建"一带一路"，助力新时代中非友好合作全面深入发展。

中国社会科学院副院长

中国非洲研究院院长

蔡　昉

摘要：湘西地处湖南西部山区，曾经苦苦探索扶贫脱贫之路，并付出了艰辛努力。习近平总书记2013年11月3日视察湘西时做出"实事求是、因地制宜、分类指导、精准扶贫"的重要指示，首次提出"精准扶贫"理念，不但为湘西扶贫发展带来了前所未有的历史性机遇，而且为中国的扶贫脱贫注入了强劲动力、指明了前进方向。

在"精准扶贫"理念的指导下，湘西州全面推进"十项工程"，为湘西扶贫提供了不竭动力。包括：发展生产脱贫工程、乡村旅游脱贫工程、转移就业脱贫工程、易地搬迁脱贫工程、生态补偿脱贫工程、教育发展脱贫工程、医疗救助帮扶工程、社会保障兜底工程、基础设施配套工程和公共服务保障工程。

截至2020年3月，湘西8个县市全部实现脱贫摘帽，区域性整体贫困问题基本得到解决，湘西的扶贫攻坚取得历史性成就。湘西州扶贫经验包括：牢记习总书记殷切嘱托，提高政治站位；强化党委领导，压实四级责任；坚持分类指导，实施"十项工程"；突出精准发力，促进"五个结合"①；注重脱贫质量，做到"四防两严"②。

---

① "五个结合"指在扶贫动态管理上注重公开透明与群众认可相结合，在内生动力激发上注重典型引路与正向激励相结合，在发展扶贫产业上注重统筹布局与因地制宜相结合，在基础设施建设上注重留住乡愁与实用美观相结合，在攻坚力量统筹上注重发挥基层党组织堡垒作用与党员干部先锋作用相结合。

② "四防两严"指防庸、防急、防散、防虚，严格扶贫对象动态管理、项目资金管理，严肃群众纪律、工作纪律和财经纪律。

"脱贫摘帽不是终点，而是新生活、新奋斗的起点。"未来，湘西将继续落实高质量发展要求，以巩固提升脱贫攻坚成果为总抓手，以贫困村为主战场，以解决相对贫困问题为主攻方向，着眼建立解决相对贫困的长效机制，全面提升湘西州贫困农村的发展能力，适时启动乡村振兴战略的实施。

本报告主要采用实地考察、人物访谈、文献研读，以及查阅媒体报道等方式收集相关信息和材料，并在此基础上进行归纳、分析和判断，以作为本报告撰写的素材和依据。本报告共六章，介绍了精准扶贫理念的提出、湘西的基本情况及特点，回顾了湘西扶贫历程，对湘西精准扶贫的举措、典型案例、取得的成就等进行了充分的展示，同时也描述了未来湘西脱贫攻坚的努力方向。

关键词：精准扶贫；十八洞村；十项工程；五个结合；四防两严；未来发展

Abstract: Xiangxi is located in the mountainous area of western Hunan. Throughout recent history, many people have made great efforts to alleviate poverty in the region. During his inspection of Xiangxi on November 3, 2013, General Secretary Xi Jinping made an instruction that we should "seek truth from data, adapt to local conditions, and implement Targeted Poverty Alleviation". This concept of Targeted Poverty Alleviation was proposed for the first time in history, presenting unprecedented historical opportunities for the development of Xiangxi, and it also pointed out the way forward for poverty alleviation throughout China.

Under the guidance of the concept of Targeted Poverty Alleviation, Xiangxi Prefecture comprehensively promoted the Ten Projects, which were a highly effective source of poverty alleviation. These projects include the development of production, rural tourism, employment migration, relocation, ecological compensation, the development of education, healthcare assistance, social security, infrastructure facilities construction and public services.

By March 2020, all eight counties and cities in Xiangxi have achieved the goal of poverty alleviation, and the overall regional poverty problem has been basically resolved. The poverty alleviation efforts have achieved historic success. Poverty alleviation experiences in Xiangxi Prefecture include: strengthening the party committee's leadership and fulfilling the four-level responsibilities; adhering to guidance and implementing Ten Projects; making precise efforts; promoting the Five Combinations[1]; focusing on the quality of poverty alle-

---

① The Five Combinations refers to the combination of openness and transparency with the public recognition in the dynamic management of poverty alleviation, the combination of role models' guidance and one's positive incentives in the stimulation of endogenous motivation, the combination of overall planning and local conditions in the development of poverty alleviation industry, the combination of retaining nostalgia and practical beauty in infrastructure construction, the combination of the fundamental function of the grass-roots party organizations and the pioneer spirits of the party members and officials in the coordination of the key forces of poverty alleviation.

viation; and achieving the Four Preventions and Two Requirements①.

"Removing poverty is not the end point, but the starting point of a new life and a new struggle. " In the future, Xiangxi will continue to implement the development requirements, with an overall focus on consolidating and improving the positive results of poverty alleviation. Poor villages will be the battlefield on which to solve poverty problems and begin to fix problems related to relative poverty, focusing on establishing a long-term mechanism to solve these problems, comprehensively improving the development capacity of poor rural areas in Xiangxi Prefecture, and launching the implementation of the rural revitalization strategy in due course.

The investigators and authors of the Report collected information through trips to the field, interviews, literature review, and an examination of press reports. After analyzing these sources, they selected the materials and references for the final Report.

The Report is composed of six chapters, introducing the proposal of the concept of Targeted Poverty Alleviation, providing an overview of the region and reviewing the history and performance of its various poverty alleviation methods. The authors also explain the specific measures enacted, some typical cases, the achievements of the program and the direction of future poverty alleviation work.

Key words: Targeted Poverty Alleviation; Shibadong Village; Ten Projects; Five Combinations; Four Preventions and Two Requirements; Future Development.

---

① The Four Preventions refers to preventing sloth, precipitance, dispersion and untruthfulness; the Two Requirements refers to requiring the strict dynamic management of poverty alleviation objects and project funds and requiring the enforcement of self-discipline, working discipline, and financial and economic discipline.

目　　录

前　言

　　湖南湘西土家族苗族自治州是一个颇具知名度的地方。那里有古老的历史、多彩的民族风情和绚烂的文化,以及丰富的自然资源和人文旅游资源。许多人的印象中,湘西是一个风光旖旎、景色宜人的旅游胜地,不但有闻名遐迩的凤凰古城、乾州古城、芙蓉镇、矮寨奇观、凤凰之窗文化旅游产业园,还有猛洞河漂流景区、奇梁洞、里耶——乌龙山风景名胜区、洛塔地质公园、老家寨——苗人谷景区等令人心旷神怡的观光景点和景区。

　　外界对湘西关注的新视角、新亮点始于 2013 年。是年 11 月,中共中央总书记习近平赴湘西考察,并在当地十八洞村首次提出了"精准扶贫"的理念。从此,作为"精准扶贫"的原点和发源地,湘西的扶贫工作步入"快车道",脱贫攻坚进入了新阶段。湘西的扶贫实践、扶贫经验和扶贫效果等,也频频出现于各类媒体的报道中。

　　世人或许会问,湘西拥有丰富的自然资源和人文旅游资源,为何还需要扶贫? 这主要是因为湘西属于少数民族地区和生态脆弱地区,是典型的"老、少、边、穷"①山区。那里的村寨大多分布在边远高寒山区、溶岩旱区和水库淹没区。不但天气恶劣,而

---

　　①　"老、少、边、穷"是老革命根据地、少数民族地区、边境和边远地区、贫困地区的统称。由于自然条件差和历史的原因,这些地区生产条件差,交通闭塞、社会生产力发展缓慢,一部分地区群众生产和生活还比较困难。

且耕地少、土地薄,历史上旱涝灾害发生的频率极高,农业的自然生产条件极差,过去粮食作物年均亩产不足 150 公斤。当地人居住分散,公路少,路况差,基础设施极其落后,许多村庄没有解决水、电、路的问题。另外,当地人口数量多,人口增长率高,人口素质整体不高,其中不少人只能从事技术要求低的工作,不仅收入难以提高,而且工作极不稳定。恶劣的自然环境与现实的人为因素交织在一起,致使经济发展和社会进步受到了严重制约,这都是当地过去长期处于贫困之中的重要原因所在。中华人民共和国成立后,虽然湘西民众的生活比从前有了改善和提高,但与湖南省和全国其他地方相比,湘西的发展水平曾在较长时期处于落后的地步,有的地方贫困现象还十分严峻。

中国共产党执政以来,为了改变湘西贫穷落后的状况,从中央到地方各级党组织和政府部门都在带领当地人民一起,进行着坚持不懈的努力和奋斗。改革开放以来,特别是习近平总书记在湘西十八洞村提出"精准扶贫"后,湘西的扶贫事业明显步入了快车道,而且是加速前行。经过数年的脱贫攻坚实践,不仅十八洞村实现了自身脱贫摘帽,整个湘西的扶贫事业也取得了巨大成功,当地的经济和社会也都有了长足的发展。

湘西州始终把脱贫攻坚作为头等大事和第一民生工程抓细抓实,积极实行"十项工程"①,精准扶贫推进力度、减贫规模、脱贫质量前所未有,陆续实现了既定的减贫目标,区域性整体贫困问题基本得到解决。

截至 2019 年年底,全州累计减贫 55.43 万人,贫困发生率由 2013 年的 31.93% 下降到 4.39%,农民收入年均增长 12% 以上。实现地区生产总值 705.71 亿元,年均增长 7.5%;农民

---

① "十项工程"即发展生产脱贫工程、乡村旅游脱贫工程、转移就业脱贫工程、易地搬迁脱贫工程、教育发展脱贫工程、医疗救助帮扶工程、生态补偿脱贫工程、社会保障兜底工程、基础设施配套工程、公共服务保障工程。

人均可支配收入达到 10046 元,年均增长 9.3%。减贫重心实现了从救济式到参与式的转变,扶贫方向实现了从广泛到精准的转变。

2020 年是全国脱贫攻坚的决战决胜之年。贫困地区和贫困群众将在这一年同全国一道进入全面小康社会。据权威部门发布,截至 2020 年 3 月 5 日,河北、山西、内蒙古、黑龙江、河南、湖南、海南、重庆、西藏、陕西 10 个省市自治区的所有贫困县都已宣布实现脱贫摘帽①。湘西也在这份令人骄傲的名单之中。

虽然湘西现已摘掉了贫困帽子,实现了脱贫梦想,但湘西各级党组织和政府以及广大群众并没有停止前进的步伐,坚持摘帽不摘责任、摘帽不摘政策、摘帽不摘帮扶、摘帽不摘监管,而且要乘胜追击,乘势而为,不断扩大、优化和发展已有成果,不但要脱贫,还要致富。湘西有关方面已经根据现在的基础和条件,为湘西下一步发展绘制了新的发展蓝图。可以相信并期待,未来的湘西会更加美好! 未来的湘西人民会更加富裕、幸福和美满!

作为学者和媒体人士,我们一直在关注、观察湘西的精准扶贫和脱贫攻坚,并为湘西在这方面取得的成就感到高兴和鼓舞。同时,作为国际问题学者,特别是从事非洲问题和中非关系研究的学者,我们有机会、有兴趣从国际视野来看待和审视湘西精准扶贫和脱贫攻坚的成功经验和做法。十八洞村和湘西所积累和形成的经验和做法,是可以复制并且值得推广的,湖南省和全国其他贫困村落和地方都可以从中借鉴、吸取和学习。或许,这些具有湘西特色和中国特色的扶贫减贫经验,可以为非洲国家以及其他发展中国家和地区的减贫事业提供某种参考和借鉴。

---

① 贫困县全部实现脱贫的意思,即没有贫困县的称谓。摘帽是一个形象比喻,将贫困县称谓比喻成一顶帽子,贫困县全部实现脱贫后就将贫困县摘除喻为摘帽。

一　精准扶贫与湘西

湘西是习近平总书记"精准扶贫"理念的首倡地。什么是精准扶贫，它与中国过去的扶贫模式有何区别？首倡之地湘西自身有着怎样的特点，是如何推进精准扶贫的？我们首先来回答这些问题。

（一）精准扶贫的提出

党的十八大以后，以习近平同志为核心的党中央高度重视脱贫攻坚，做出了"关于打赢脱贫攻坚战的决定"，明确脱贫攻坚的目标标准和基本方略，推进"六个精准""五个一批"① 等部署，全面打响精准扶贫的攻坚战。

2013 年 11 月 3 日，习近平总书记在湘西花垣县十八洞村考察时，首次做出了"实事求是、因地制宜、分类指导、精准扶贫"的重要指示，殷切嘱托贫困地区要从实际出发，把种什么、养什么、从哪里增收想明白，帮助乡亲们寻找脱贫致富的好路子。

2014 年 1 月，中共中央办公厅详细规制了精准扶贫工作模式的

---

① "六个精准"指：扶贫对象精准、项目安排精准、资金使用精准、措施到户精准、因村派人精准、脱贫成效精准。

"五个一批"指：发展生产脱贫一批、易地扶贫搬迁脱贫一批、生态补偿脱贫一批、发展教育脱贫一批、社会保障兜底一批。

顶层设计，推动了"精准扶贫"的落地。同年3月，习近平总书记参加"两会"代表团审议时进一步阐释了精准扶贫理念，即要实施精准扶贫，瞄准扶贫对象，进行重点施策。此后，习近平总书记强调坚决打好扶贫开发攻坚战，加快民族地区经济社会发展，并提出扶贫开发"贵在精准，重在精准，成败之举在于精准"。

所谓"精准扶贫"，是粗放扶贫的对称，是指针对不同贫困区域环境、不同贫困农户状况，运用科学有效程序对扶贫对象实施精确识别、精确帮扶、精确管理的治贫方式。一般来说，精准扶贫主要是就贫困居民而言的，谁贫困就扶持谁。精准扶贫所注重的"六个精准"要求包括：扶持对象精准、项目安排精准、资金使用精准、措施到户精准、因村派人精准、脱贫成效精准。

精准扶贫理念的提出，以及它在包括湘西在内的中国各地的实施和贯彻，是中国共产党治国理政方针和实践的有机构成，也是中国共产党团结带领中国人民不断摆脱贫困、奔向富强的又一标志和象征。它既是中国共产党扶贫理念和实践的提高和升华，又是中国共产党全心全意为人民服务宗旨在扶贫领域新的体现和诠释。

习近平总书记是在湘西首次提出精准扶贫的理念，时代将这一历史性机遇给了湘西。湘西既是"精准扶贫"的首倡之地，也是湖南省和中国脱贫攻坚的重要战场。当时，湘西的贫困人口还有75.47万人，随着精准扶贫的提出，该地区进入了减贫人口最多、农村面貌变化最大、群众增收最快的时期。

（二）湘西基本情况

1. 历史沿革①

湘西土家族苗族自治州（以下简称"湘西"），位于中国湖

---

① "历史沿革"，湘西州政府网，http://www.xxz.gov.cn/zjxx/xxgk_63925/lsyg_63929/.

南省西北部，地处湘鄂黔渝 4 省市交界处。

湘西在中国历史上的战国时期，属于楚黔中郡。西汉时属武陵郡。三国时初属蜀，后属吴。西晋、东晋属荆州武陵郡。隋唐五代时期属黔中道。宋为荆湖北路的辰州、澧州。元为湖广行省恩州宣慰司、辰州路、澧州路和四川行省永顺宣慰司，以及新添葛蛮安抚司地。明置永顺宣慰司、保靖州宣慰司，其余为岳、辰两州地。清置永顺府和凤凰、乾州、永绥直隶厅，东北部为澧州地。1914—1922 年为辰沅道。1938—1949 年为第八、九行政督察区。

中华人民共和国成立之初，现今位于湘西地域的凤凰、乾城、永绥、泸溪等县和永顺、龙山、保靖、古丈等县，分属湖南省属的沅陵专区和永顺专区。其后中央人民政府决定在少数民族聚居地区实行民族区域自治政策。因此，1952 年 8 月 1 日，经中央人民政府批准，划乾城、凤凰、永绥、泸溪、古丈、保靖 6 县地，成立湘西苗族自治区（地师级）。区治设乾城县所里镇，隶湖南省，辖 6 县，即乾城、凤凰、花垣、泸溪、古丈、保靖。同年 9 月，湘西行署及所属永顺、沅陵、会同 3 专区撤销，其永顺、龙山、桑植、大庸 4 县由湘西苗族自治区代管，至 12 月正式接管这 4 县。

1955 年 4 月 28 日，湘西苗族自治区改为湘西苗族自治州，州治区域不变。1957 年 9 月 6 日国务院第五十七次全体会议通过湖南省人民委员会关于设置湖南省湘西土家族苗族自治州，并撤销湘西苗族自治州的决定。9 月 20 日，湘西土家族苗族自治州正式成立，同时湘西苗族自治州宣布撤销。

1957 年 9 月 20 日，设立湘西土家族苗族自治州。自治州人民政府驻吉首县。原湘西苗族自治州所属吉首、泸溪（驻武溪镇）、凤凰（驻沱江镇）、花垣、保靖（驻迁陵镇）、古丈 6 县及原由湘西苗族自治州代省领导的永顺、龙山、桑植、大庸 4 县划归湘西土家族苗族自治州（辖 10 县）。

1982 年 8 月 3 日，国务院批准撤销吉首县，设立县级吉首市。1985 年 5 月 24 日，国务院批准（国函〔1985〕77 号）撤销大庸县，设立大庸市（县级），以原大庸县的行政区域为大庸市的行政区域。1988 年 5 月 18 日，国务院批准将大庸市升为地级市，设立永定区、武陵源区，将原常德市的慈利县和湘西土家族苗族自治州的桑植县划归大庸。湘西土家族苗族自治州由原管辖 8 县 2 市减为 7 县 1 市，即泸溪、凤凰、古丈、花垣、保靖、永顺、龙山 7 县和吉首 1 市。1999 年年末，全州辖 1 市 7 县，即吉首市和泸溪、凤凰、花垣、保靖、古丈、永顺、龙山 7 县，州府设在吉首市。全州共 56 个镇、162 个乡。

2005 年，湘西全州撤销 14 个乡、1 个镇，将 52 个乡、30 个镇合并设立 7 个乡、30 个镇，设立 1 个乡、3 个街道，调整 8 个乡、12 个镇、3 个街道的部分行政区域，1 个镇更名，共减少 58 个乡、1 个镇，增加 3 个街道。经过调整，撤并的乡镇分别为：吉首市 2 个、凤凰县 7 个、泸溪县 4 个、保靖县 9 个、古丈县 3 个、花垣县 3 个、永顺县 15 个、龙山县 16 个。到 2005 年年末，湘西土家族苗族自治州辖 1 个县级市、7 个县；全州共有 7 个街道、66 个镇、92 个乡。湘西面积 1.55 万平方公里。根据 2017 年的统计数据，湘西总人口为 299.28 万人，其中少数民族人口 241.7 万人，占到总人口的 80.8%。

2. 地理环境

（1）位置境域

湘西州位于湖南省西部偏北，酉水中游和武陵山脉中部。其地域范围为东经 109°10′—110°22.5′，北纬 27°44.5′—29°38′。西邻贵州省铜仁市、重庆市酉阳土家族苗族自治县，南接怀化市麻阳苗族自治县，东连怀化市沅陵县，北抵张家界市。东西宽约 170 公里，南北长约 240 公里。全州面积 15462 平方公里，其中城区面积 556 平方公里，占湖南省总面积的 7.3%。

（2）地形地貌

湘西地处云贵高原北东侧与鄂西山地南西端之接合部，武陵山脉由北东向南西斜贯全境，地势南东低、北西高，属中国由西向东逐步降低第二阶梯之东缘。武陵山脉自西向东坐落在湘西境内，系云贵高原东缘武陵山脉东北部，西骑云贵高原，北邻鄂西山地，东南以雪峰山为屏障。湘西西部与云贵高原相连，北部与鄂西山地交颈，武陵山脉蜿蜒于境内。地势由西北向东南倾斜，平均海拔200—800米，西北边境龙山县的大灵山海拔1736.5米，为州内最高点；泸溪县上堡乡大龙溪出口河床海拔97.1米，为州内最低点。

湘西州西南石灰岩分布极广，岩溶发育充分，多溶洞、伏流；西北石英砂岩密布，因地壳作用形成小片峰，以花垣排吾乡周围最为典型。东西部为低山丘陵区，平均海拔200—500米，溪河纵横其间，两岸多冲积平原。地貌形态的总体轮廓是一个以高原山地为主，兼有丘陵和小平原，并向北西突出的弧形山区地貌。

（3）气候特征

湘西州属亚热带季风湿润气候，具有明显的大陆性气候特征。夏半年受夏季风控制，降水充沛，气候温暖湿润；冬半年受冬季风控制，降水较少，气候较寒冷干燥。既水热同季，暖湿多雨，又冬暖夏凉，四季分明，降水充沛，光热偏少；光热水基本同季，前期配合尚好，后期常有失调，气候类型多样，立体气候明显。根据山地的不同地形、不同高度的气候特点，全境从垂直方向上可划为河谷温热湿润带、山地温暖较潮湿带、山地温凉潮湿带等4个气候类型带，在水平方向上又分为"西北热量偏少，夏秋少旱气候区""东北热量较多，夏秋偏旱气候区""中部热量偏少，夏秋偏旱气候区""东南热量较多，夏秋少雨多旱气候区"等5个气候区。

（4）水文条件

湘西水域资源十分丰富，境内有酉水、沅水、澧水、武水等多条水系，河网星罗棋布，纵横交错，年平均径流量达132亿立方米。境内岩溶地下水资源丰富，总量约为27.37亿立方米，占年水资源总量的20.6%，且地下水与地表水相互转化，对水质有很好的净化作用。

3. 自然资源

（1）土地资源

2016年，湘西实有耕地面积19.99万公顷，新增耕地806.2公顷，基本农田15.7万公顷，耕地保有量17万公顷，永久基本农田保护15.55万公顷，建设用地供应总量961.34公顷，增长15.8%，供地率17.5%。实施土地开发项目31个，增长63.2%。

（2）水利资源

2014年，全州①大部分区域地表水和地下水资源丰富，水质良好，且地表水与地下水相互转化，形成地表地下水综合利用的格局。境内核算总水量213.7亿立方米，区域内平均年径流量为132.8亿立方米；干流长大于5公里、流域面积在10平方公里以上的河流共444条，主要河流有沅江、酉水、武水、猛洞河等。水能资源蕴藏量为168万千瓦，可开发108万千瓦，现仅开发18万千瓦。

（3）生物资源

2014年，全州共有维管束植物209科、897属、2206种以上。保存有世界闻名孑遗植物水杉、珙桐、银杏、南方红豆杉、伯乐树、鹅掌楸、香果树等；药用植物985种，其中杜仲、银杏、天麻、樟脑、黄姜等19种属国家保护名贵药材；种子含油

---

① "全州"指整个湘西州地区，下同。

量大于 10% 的油脂植物 230 余种；观赏植物 91 科、216 属、383 种；维生素植物 60 多种；色素植物 12 种。湘西是中国油桐、油茶、生漆及中药材重要产地。野生动物种类繁多，有脊椎动物区系 28 目、64 科，属国家和省政府规定保护动物 201 种，其中一类保护珍稀动物有云豹、金钱豹、白鹤、白颈长尾雉 4 种，二类保护动物有猕猴、水獭、大鲵等 26 种，三类保护动物有华南兔、红嘴相思鸟 2 种。

（4）矿产资源

湘西已发现矿苗 50 多种，探明或基本探明的有 34 种。已探明的汞金属远景储量居全省第一位，全国第四位。锰矿石工业储量 2969.81 万吨，居全省首位，全国第二位。花垣矿区属特大型矿床，工业储量 2262 万吨，平均品位 19.7%，系我国南方最大的锰矿床，有"东方锰都"之称。铝土矿工业储量为全省之冠，占全省储量的 72.8%。锌矿储量 1100 万吨。非金属矿有磷、陶土矿等，其中磷矿储量达 1 亿吨。已发现的矿产地有 485 处，其中黑色金属矿产 41 处、有色金属矿产 169 处、非金属矿产 199 处、地热矿泉水 6 处。在这 485 处矿产地中，大型矿床 12 处，中型矿床 26 处，小型矿床 73 处，矿点 374 处。

4. 人文旅游资源

湘西不仅自然资源富集，而且少数民族众多，历史文化底蕴深厚，自然风光奇秀，是一个人文旅游资源非常丰富的地方，集人文景观和自然景观于一域。

湘西现有民族 43 个，主体少数民族是土家族、苗族。土家族占总人口的 41.56%，占少数民族人口的 55.17%；苗族占总人口的 33.15%，占少数民族人口的 44.75%；湘西各民族长期以来处于大杂居、小聚居的状态。土家族，自称"毕兹卡"，主要分布在永顺、龙山、保靖、吉首、古丈等县市。苗族，自称"果雄"，主要分布在花垣、凤凰、吉首、泸溪、古丈、保靖等县市。

湘西在历史上涌现过许多仁人志士。明嘉靖年间，土司彭翼南率6000土兵赴沿海平倭，立下"东南第一战功"，名垂青史。苗族将领杨岳斌三定台湾，战功赫赫。国门虎将罗荣光死守大沽口炮台，以身殉国。郑国鸿、张德胜等一大批湘西籍爱国将领，为抵御外国列强瓜分中国而英勇献身。在"八一"南昌起义的壮士行列中，就有不少湘西人矫健的身影。在湘鄂川黔红色根据地的创建中，有湘西上万英雄儿女参加红军。在抗美援朝的激战中，有无数湘西烈士冲锋陷阵。

湘西的著名风景区有凤凰古城、里耶古城、猛洞河漂流、王村（芙蓉镇）、矮寨奇观、栖凤湖、龙山乌龙山大峡谷、塔卧湘鄂川黔革命根据地旧址等，以及里耶秦简、永顺县五代十国后晋天福五年（940）的溪州铜柱、土家族千年古都老司城、凤凰县明代古建筑黄丝桥城堡、中华民国第一任内阁总理熊希龄故居、文学大师沈从文故居等。

现在，湘西共有国家级非遗名录项目26项，省级84项，州级234项；文件公布的国家级非遗代表性传承人33人，省级93人，州级393人。国家级非遗生产性保护基地1个，州级21个。州级非遗传习所55个。省级非遗扶贫就业工坊2个，州级10个。2所全国非遗传承人群研培院校，9所省级非遗传承学校和实践基地，14所州级非遗进校园示范学校。①

现今，湘西已经形成了一批具有当地特色的品牌，它们同为湘西的人文旅游资源，并且使其更为丰富多彩。

一是一批民族传统节庆品牌。例如，苗族四月八、苗族赶秋，土家族舍巴日、土家年，吉首市鼓文化节、泸溪浦市中元节等响亮的民族传统节日品牌。2015年，湘西的民族品牌节庆被列为全国公共文化服务建设示范项目。成功举办了武陵山

---

① 湘西州文旅广电局提供统计数据。

（湘西）土家族苗族文化生态保护节，全方位展示了湘西非物质文化遗产的魅力，社会反响强烈。

二是一批文化产品品牌。吉首市的民族服饰、傩娃产品、苗绣包帽，泸溪县的踏虎凿花、苗族数纱、杨柳石雕，凤凰县的苗族银饰、蓝印花布，古丈县的茶文化产品、苗族素绣，花垣县的苗画、石雕，保靖县的土陶制品、砂石画，永顺县的创意竹编、土家挑花，龙山县的土家织锦等文化产品市场十分看好。刘氏姐妹土家族织锦、小红鼠苗族银饰、金毕果苗族服饰、山谷居民湘西苗绣、太阳树民间演艺与传统建筑等一批生产性企业已享誉国内外。

三是一批活动品牌。通过挖掘和打磨，逐步形成了吉首鼓文化节、古丈茶文化节、凤凰银饰节、泸溪中元节、花垣赶秋节、保靖吕洞山祭祖节等民族传统品牌节庆活动，同时以土家族摆手舞、苗族鼓舞等为符号的民族文化"进机关""进校园"，民族原创广场舞等深入企业、深入社区、深入农村，家喻户晓。

四是一批大师品牌和对外文化交流品牌。国家级非遗传承人刘代娥、田隆信、刘大炮、聂胡子等一批大师，以及土家族毛古斯、苗族鼓舞等非遗项目，正走出湘西，走出湖南，甚至走出国门。这些大师和项目受到了外界的一致好评和追捧，还多次应邀到全国各地，甚至远赴美国、法国、俄罗斯、韩国等国家演出，代表湖南，代表中国，向世界展示了"神秘湘西"特色文化品牌，以及中华民族优秀灿烂的历史和文化。

（三）湘西精准扶贫之举

1. 发挥党的模范带头作用

遵照习近平总书记"加强党对脱贫攻坚工作的全面领导，建立各负其责、各司其职的责任体系"以及"尽锐出战"的指示要求，湘西州县两级均成立由党委书记任组长的精准脱贫攻坚工作领导小组，连续 6 年出台关于精准扶贫精准脱贫工作的州委 1 号文件①，建立起比较完善的脱贫攻坚目标、责任、政策、投入、考核和监督体系，形成了州县乡村四级书记带头抓、全州上下齐心干、社会各界同参与的脱贫攻坚大格局。

抓住关键少数。推行"州级领导联县包乡、县级领导联乡包村"制度，扎实开展领导干部"三走访三签字"② 工作，州、县市党政正职每年走遍重点贫困乡村，实地调研解决困难问题，带动了各级领导干部精力下沉到一线、各方资源聚集到贫困村，各级领导干部的作用得到充分发挥。

抓实结对帮扶③。实行"州县市单位包村、党员干部结对帮户"制度，仅 2018 年，湘西州就组建工作队 1751 个，选派5995 名干部，实现对 1110 个贫困村和 641 个有贫困人口的非贫困村（社区）"一村一队"全覆盖，全州 6 万余名党员干部与16 万余户贫困户结成帮扶对子，实现结对帮扶全覆盖。严格落实驻村帮扶和结对帮扶制度，认真做好脱贫政策宣传、困难诉求收集、扶贫资源衔接工作，切实解决困难问题。

突出党建引领④。在全州推行学习互助兴思想、生产互助兴产业、乡风互助兴文明、邻里互助兴和谐、绿色互助兴家园的

---

① 指每年发布的第一份文件。

② "三走访"：省市县党政主要领导干部走访脱贫攻坚任务重的地区。

"三签字"：省市县党政主要领导干部对脱贫退出层层负责、层层把关。脱贫退出要按照程序和要求组织实施。贫困户脱贫摘帽，由村支部书记、村主任共同签字。

③ 结对帮扶是一项扶贫政策，即党员干部一对一结对子，帮扶城乡困难家庭的活动。

④ 党建引领指要发挥好党的各项建设的引领作用。

"互助五兴"基层治理模式，扎实推进农村党支部"五化"建设①，整顿软弱涣散村级党组织，加大农村投入，稳步提高村办公经费、村干部待遇，全面推行村干部绩效考核、坐班代办服务等制度，基本实现村级扶贫等重点工作"以村为主"，真正让农村基层党组织成为"永不走的工作队"。

2. 把握精准扶贫要求

在思想认识上，湘西各级领导干部和广大民众对精准扶贫工作予以高度重视，并且全力推进，争取最终打赢脱贫攻坚战。要求全州上下主动作为，抓出成效。特别是州、县、镇、村各级干部要明确责任，把扶贫的责任扛起来。领导亲自挂帅，亲力亲为，深入扶贫一线，深入乡村看项目、访村民，了解精准扶贫进展情况，宣讲党的十九大精神，听取镇村干部代表有关乡村振兴的意见建议。扎实开展脱贫攻坚工作大培训，争取培训到每一个参与精准扶贫工作的干部和人员，让大家都能认识到精准扶贫工作的重要意义和相关目标，为脱贫攻坚加油鼓劲，积极推动精准扶贫工作深入开展，不断掀起全州脱贫攻坚的新热潮。

在工作实际中，认真遵照习总书记有关精准扶贫的"六个精准"以及其他相关指示要求，注重把握精准精细这个科学方法、脱贫质量这个根本要求、改革创新这个关键举措和群众主体这个内生动力，把精准精细贯穿于脱贫攻坚工作各环节、全过程，做到脱贫工作更务实、脱贫过程更扎实、脱贫结果更真实，确保全州整体脱贫成效和质量经得起实践检验，真正让人民群众满意。

在扶贫动态管理上，注重公开透明与群众认可相结合，严

---

① "五化"指党支部设置标准化，组织生活正常化，管理服务精细化，工作制度体系化，阵地建设规范化。

格按照"户主申请→投票识别→三级会审→公告公示→乡镇审核→县级审批→入户登记"的"七步法"和吃财政饭的不评、在城里买了商品房的不评、有小加工企业的不评等"九不评"进行精准识别,并对识别工作实行全程民主评议和监督,确保公开、公平、公正,全州先后进行5次全覆盖建档立卡"回头看",做到应进则进、应出则出,真正让扶贫动态管理结果得到群众认可。①

在发展扶贫产业上,注重统筹布局与因地制宜相结合,认真贯彻习近平总书记"把种什么、养什么、从哪里增收想明白"的重要指示,把产业建设作为"造血"扶贫核心举措,因地制宜做好兴产业、增就业、置家业"三业"增收文章,让每个贫困村有1个以上当家产业、每个贫困户有1个以上增收项目,真正让贫困群众稳定脱贫有质量。

在扶贫资金保障上,2014—2018年全州共筹集财政专项扶贫资金16.32亿元和统筹整合财政涉农资金106亿元。按照"缺什么、补什么"原则和"村申报、乡核实、县审定"程序,严把项目实施的入口、招标、公示、验收"四道关",建立重点项目"月报季督"制度,实行对扶贫项目的全过程监督管理,确保所有产业发展、公共服务和基础设施等扶贫项目精准落实到村。

总之,湘西坚持把提高脱贫质量摆在首位,始终做到"四防两严":防庸,力戒思想麻痹、庸碌懈怠;防急,力戒慌急毛躁、盲目蛮干;防散,力戒扶贫工作缺乏整体性、扶贫资金"撒胡椒面"、扶贫精力不集中等问题;防虚,力戒做虚功,搞"数字脱贫",使群众"被脱贫";严格扶贫对象动态管理、项目资金管理;严肃群众纪律、工作纪律和财经纪律,着力加强制度建设,严实工作作风,确保实干实效。

---

① 谁是贫困户需要精准识别评出,这是识别过程。

3. 建立精准扶贫有效机制

湘西建立形成扶贫资源整合投入有效机制。认真落实精准扶贫、精准脱贫基本方略，推动实现扶贫资金使用、项目实施由"大水漫灌"向"精准滴灌"转变。整合各类涉农资源，统筹安排项目和资金，建立"多个渠道进水，一个龙头出水"的投入机制，使有限的扶贫资源集中投入到最急需的地方和最贫困的对象。

推行脱贫帮扶"三个一"机制。围绕做细做实"户脱贫""村退出"① 这项基础性、关键性工作，全州各级驻村扶贫干部坚持帮扶一月一走访、情况一月一报告、问题一月一清零，全面翔实掌握贫困户基本情况以及扶贫政策落实、项目实施进度、当家产业发展、特殊群体生活困难等各方面情况，及时发现问题、主动解决问题。

实行标本兼治机制。先后开展扶贫领域假身份、假产业、假程序、假资料"四假"问题专项治理，一条路、一栋房、一口井、一盏灯、一张床"五个一"专项整治（即开展农村户间道、易地扶贫搬迁和农村危房改造、农村安全饮水、太阳能路灯、农村医保专项治理），严肃查处了一批"雁过拔毛"式腐败② 问题。注重运用互联网思维，积极探索开展湘西为民村级微信群工作，推行"指尖上的政民对话"，有力推动组织监督与群众监督同向发力、执行纪律和转变作风同步实施。

建立形成扶贫工作全覆盖督导考评机制。由州里统一对县市脱贫工作进行评估，采取不发通知、不打招呼、不听汇报、不用陪同接待、直奔基层、直插现场的"四不两直"方式，对

---

① "村退出"指原贫困村脱贫，退出贫困村之列。

② "雁过拔毛"式腐败是基层腐败的典型表现形式，主要是指少数基层干部在资金分配、审批审核环节以及管理基层事务的过程中，滥用职权侵害群众切身利益的腐败行为。

全州 115 个乡镇（街道）、1751 个有贫困人口的村（社区）进行全覆盖工作评估，重在发现和解决问题，为群众排忧解难，并将脱贫攻坚工作开展情况及成效与领导干部个人绩效考核定等、年度评先评优和州县市直单位绩效考核定等挂钩，传导压力、激发动力，倒逼责任落实、工作落实、政策落实。

建立形成问题整改常态化机制。坚持有什么问题或者什么问题突出，就集中解决什么问题，以上级交办、州里检查发现和群众来信来访反映的问题为主线，建立"一类问题、一名领导、一套方案、一抓到底"机制，对问题逐村排查、对短板逐项研究、对资金逐笔审核、对政策逐条落实，并举一反三、追根溯源、标本兼治，立行立改、真改实改、全面整改，做到整改不到位不放过、成效不达标不放过、群众不满意不放过，以整改的实际成效提高群众满意度。①

4. 利用各方有利资源

湘西抓好东西部扶贫协作、对口扶持、定点扶贫和社会扶贫。加强与济南市对接，编制了《济南市扶贫协作湖南湘西规划（2017—2020 年）》，签订了扶贫协作框架协议，两年来，济南市援助湘西州财政资金 3.6 亿元，实施援建项目 182 个，组建扶贫协作产业联盟，24 家企业落地湘西，建设"扶贫车间" 49 个，两地互派挂职干部 70 人、专业技术人才 531 人，带动 2 万多贫困人口脱贫。认真做好省辖长株潭等 6 市对口扶持 6 县、国家部委和中央企业定点扶贫协调服务，积极开展"千企联村"精准脱贫行动，汇聚脱贫攻坚强大合力。

5. 推进精准扶贫十项工程②

多年以来，湘西州始终把脱贫攻坚作为头等大事和第一民

---

① 参考湘西州扶贫办资料。
② 涉及数据截止到 2019 年 5 月。

生工程抓细抓实，既不降低标准，也不吊高胃口，重点推进发展生产、乡村旅游、转移就业、易地搬迁①、生态补偿、教育发展、医疗救助、社会保障、基础设施、公共服务精准扶贫脱贫"十项工程"。

实施发展生产脱贫工程。按照资金跟着贫困户走、贫困户跟着能人走、能人跟着产业项目走、产业项目跟着市场走"四跟四走"的产业扶贫思路，坚持中长期与短平快相结合、新特优相匹配、一二三产业相融合，主推直接帮扶、委托帮扶、股份合作和龙头企业、大户能人带动等方式，大力发展特色优势农业产业，50.88万贫困人口与新型经营主体形成利益联结，带动76.8%的贫困人口脱贫，83%的贫困村集体经济收入在5万元以上。

实施乡村旅游脱贫工程。立足湘西州丰富的生态文化资源和独特的民族风情，积极发展乡村旅游、红色旅游，打造了花垣十八洞、吉首矮寨、凤凰山江苗寨、古丈墨戎苗寨、泸溪马王溪、保靖吕洞山、龙山惹巴拉、永顺塔卧等一批乡村游、红色游景点，累计带动了9.4万人脱贫。

实施转移就业脱贫工程。通过劳务输出、建设"扶贫车间"②、开发农村公益性岗位等方式，多途径增加贫困群众就业，让有劳动能力的贫困家庭至少1人稳定就业、有工资性收入，全州累计转移农村贫困劳动力22.6万人，人均劳务收入3万元左右，带动了6.5万户贫困家庭收入达到或超过脱贫线。

实施易地搬迁脱贫工程。坚持易地扶贫搬迁与小城镇建设、

---

① 易地扶贫是指将生活在缺乏生存条件地区的贫困人口搬迁安置到其他地区，并通过改善安置区的生产生活条件、调整经济结构和拓展增收渠道，帮助搬迁人口逐步脱贫致富。

② "扶贫车间"或者叫"社区工厂""卫星工厂"，是指以扶贫为目的，设在乡、村的加工车间。它以带动脱贫为宗旨，解决农户尤其是贫困户就近就业问题。

新农村建设、产业园区建设和乡村旅游有机结合，确保贫困群众搬得出、稳得住、能致富。全州"十三五"规划搬迁8.1万人，建设安置项目196个，现已完成建设任务的99.4%，6.1万人搬迁入住新房、1.9万余人拿到新房钥匙。抓实住房安全保障，2013—2018年累计完成农村危房改造9.5863万户，基本解决贫困群众住房安全问题。

实施教育发展脱贫工程。认真落实九年义务教育"两免一补"、中职教育免学费政策和生活补助政策、大学新生一次性资助政策，2017—2018年全州累计资助贫困学生36.1万人次，不让一名贫困家庭学生因贫失学辍学。

实施医疗救助帮扶工程。全面落实"三提高、两补贴、一减免、一兜底"① 健康扶贫综合保障措施，加强"先诊疗后付费"一站式结算服务，全州贫困人口基本医疗保险和大病保险参保率达到100%，建档立卡贫困患者、农村低保对象患者、大

---

① "三提高"：住院费用城乡居民医保报销比例提高10%；大病保险起付线降低50%，且大病住院政策范围内报销比例提高到90%以上；提高医疗救助水平，对罹患食管癌、胃癌、结肠癌、直肠癌、终末期肾病、儿童白血病（急性淋巴细胞白血病、急性早幼粒细胞白血病）、儿童先天性心脏病（房间隔缺损、室间隔缺损）等9种大病（简称"9种大病"）的低保对象和非低保对象住院治疗患者，其医疗费用经基本医疗保险、大病保险及各类补充医疗保险、商业保险报销后，政策范围内的自负费用，医疗救助分别按照70%、50%的比例救助。

"两补贴"：参加城乡居民医保的个人缴费部分，财政给予50%以上的补贴，特困人口全额补贴；参加"扶贫特惠保"家庭综合保障保险的保费，当地政府给予不超过90%的保费补贴。

"一减免"：罹患9种大病者实际医疗费用，经由基本医疗保险等各类保险以及医疗救助基金等渠道支付后，个人自付部分由定点医院给予50%的减免。

"一兜底"：农村贫困人口通过基本医保、大病保险、医疗救助、商业保险赔付等综合补偿及定点医院减免后，剩余合规自付医药费个人支付仍有困难的，实行政府兜底保障，减轻或免除个人负担。

病患者及特殊慢性病患者"四类人群"住院医疗费用报销比例达85%左右，努力防止贫困群众因病致贫返贫。

实施生态补偿脱贫工程。通过实施建档立卡贫困人口生态护林员转岗、生态保护造林工程向贫困村倾斜、生态休闲旅游村庄建设等措施，累计带动近5万人脱贫。

实施社会保障兜底工程。推进农村低保制度与扶贫开发政策有效衔接，城乡低保实现应保尽保，全面加强对农村特困人员、孤儿、重度残疾人、困难残疾人等特殊群体的救助帮扶工作，及时救助受灾困难群众，切实兜住基本民生底线，贫困群众基本生活已有了可靠保障。

实施基础设施配套和公共服务保障工程。统筹推进贫困村、非贫困村基础设施和公共服务建设，全州实现乡乡通水泥路、村村通公路，乡乡通宽带、村村通移动通信，乡乡有公立幼儿园、村村有农家书屋和党群服务中心，农村电网改造率达99.35%，巩固提升解决161.85万人安全饮水问题，自来水普及率达80.95%，居民生产生活条件大幅改善，群众获得感、满意度不断提升。

6. 确立"两不愁""三保障"目标

"两不愁"与"三保障"指的是稳定实现农村贫困人口不愁吃、不愁穿，保障其义务教育、基本医疗和住房安全。

在"两不愁"方面，湘西把工作着力点放在增加贫困户股金、薪金、租金收入上。重点推行直接帮扶、股份帮扶、托管帮扶、社会帮扶等模式，抓实产业园区、龙头企业、农民合作社、大户能人带动脱贫工作，做好兴产业、置家业、增就业"三业"文章，发展小养殖、小庭院、小作坊、小买卖"四小经济"，努力让每个贫困村有1个以上当家产业，每个贫困户有1个以上增收项目，有劳动能力的贫困家庭至少1人稳定就业、有工资性收入。

　　在"三保障"方面，湘西把着力点放在兜实民生保障上，加大资金整合，加大财政投入。加快农村幼儿园建设，改善中小学办学条件，落实义务教育免费、学生资助政策和农村教师定向培养计划，为贫困学生创造更多接受高质量教育机会，阻断贫困代际传递。加快乡镇卫生院、村卫生室医疗服务能力建设，推进健康扶贫"一站式"结算，让每个贫困人口常见病、多发病都能看得起，得了大病基本生活过得去。加大易地扶贫搬迁，加快农村危房改造，让每个贫困家庭住房安全有保障。

二　湘西的扶贫历程

在精准扶贫之前，湘西州曾苦苦探寻脱贫之路，付出了长时期艰辛的努力，收获了一定的经验成果。一方面，这段时期推行的切实有效的扶贫措施如发展支柱产业、完善基础设施建设、开展技能培训等在后来的"精准扶贫"时代被很好地继承了下来。另一方面，其间相对粗放简单的扶贫模式也遗留了不少问题。总而言之，要想真正理解湘西扶贫，精准扶贫前的这段历程同样值得关注。

（一）湘西扶贫启动

湘西地区历史上长时期处于贫困之中，其原因包括山高路险、交通不便、基础较差和人才匮乏等，经济和社会处于较低水平。湘西地处中国 14 个集中连片特困地区之一的武陵山区，占全了"老少边穷"所有的选项，即革命老区、少数民族自治地区、陆地边境地区和欠发达地区。虽然中华人民共和国成立之后，湘西的经济和社会也在不断发展和提高，但与湖南和全国其他地区相比，还是存在着不小的差距。

根据 1983 年普查数据，当时湘西尚有 156 万人生活在划定的贫困线下，占全州农业总人口的 84%。全州 8 县市均被列为贫困县，其中永顺、保靖、花垣 3 县为国家重点扶持的贫困县，泸溪、吉首、凤凰、古丈、龙山 5 个县（市）为湖南省重点扶持的贫困县（市）。当年年底，时任省委副书记、省长熊清泉深入湘西调查研究，撰写了《关于改变湘西贫困面貌》的调查报告。1985 年秋，国家农业部开始到包括湘西在内的武陵山区定点扶贫。同年，湘西州委、州政府成立项目办，隶属州农委，由州农委负责，从林业、农业、畜牧部门抽人临时办公，主要负责农业开发项目的立项、论证、评估等事宜。1986 年 6 月，时任省委书记毛致用在吉首主持召开了全省第一次扶贫工作会议，拉开了省直各部门大规模对口扶贫湘西州的序幕。

1988 年 6 月，州扶贫开发办在逐乡、逐村、逐户澄清贫困底子的基础上，对 1987 年年底全州贫困户和贫困乡镇进行了澄底汇总。结果表明，1987 年年底全州贫困户汇总为 25.03 万户，111.95 万人，占全州农村人口 42.7%，其贫困标准是指年人均纯收入在 200 元以下的户，内含病残五保 2.89 万户，占贫困户的 11.5%。包含大庸市、桑植县在内的 10 县市中，贫困户占农村总户数 10% 及以下的有大庸市，10%—30% 的有凤凰县，30%—50% 的有永顺、龙山、吉首、泸溪 4 县市，50% 以上的有花垣、古丈、保靖、桑植 4 县。1987 年年底全州年人均纯收入在 200 元以下的贫困乡镇有 135 个，其中包含贫困户 23.83 万户，104.8 万人。[1]

（二）扶贫保障

1. 机构保障

1987 年 3 月 30 日，湘西州委、州政府成立扶贫工作领导小组。领导小组下设办公室，归口州政府管辖，同时要求各县市都要成立相应机构，以切实加强对全州扶贫治穷工作的领导。1987 年 5 月 23—29 日，时任国家农业部部长何康在湘西州吉首

---

① 湘西州扶贫办档案材料。

市主持召开了第一次武陵山区扶贫工作座谈会。会议认为，要在一个有90%的贫困面，84%的农业人口未解决温饱，且各方面社会经济条件都很差的情况下，尽快帮助人民摆脱贫困，进而逐步走上小康富裕的道路，这不是3—5年能办得到的事情，而是一项艰巨的历史性任务，必须做长远规划，科学实施。同年9月16日，湘西州委、州政府决定将州扶贫领导小组改为湘西土家族苗族自治州经济开发领导小组，原州扶贫领导小组办公室改为州经济开发领导小组办公室（简称州经济开发办，局级待遇），归口州农业委员会管理，定人员编制7人，经费由州财政列支，开始了湘西有组织、有计划、有目标的反贫困战略。

2. 制度保障

当时中国农村贫困的表现主要是存在两种差别：一是地域间的差别，主要表现为东部、中部、西部之差；另一种是地区内部个体间小康、温饱与贫困的差别。所以，国家解决地域之差主要是采取西部开发、中部崛起、整体推进等手段；解决地区内部个体差别主要通过建立农村最低生活保障制度，实行救助救济。实行两项制度有效衔接，就是民政部门解决农村绝对贫困人口的生存问题，扶贫开发部门解决农村相对贫困人口的发展问题。

2009年3月，湘西保靖县被列入全国20个农村最低生活保障制度和扶贫开发政策有效衔接（简称两项制度衔接）试点县之一，当年保靖县在16个乡镇、196个行政村和2个产业基地全面开展试点工作。此项工作的开展是落实科学发展观，坚持以人为本，构建和谐社会的重要内容。

试点工作开展以来，保靖县高度重视，县扶贫办积极作为，创新识别机制，规范识别程序。按国家确定的1196元这一贫困线识别贫困户，以省里确定的该县贫困人口拟登记规模和统计部门提供的全县上年度农民人均纯收入占各乡镇农民人均纯收入的比例等因素为依据，科学测算各乡镇村场低收入人口规模。根据农村社区村寨邻里农户相互熟知这一特点，尊重民意，赋权于民，让村民在贫困指导规模内去民主评议、自主抉择。各乡镇村实行"三不纳入、四不准、五比五看"的识别方法：三不纳入，即家庭住房条件较好、具有隐性收入的不纳入，没有经过村级评议的、没有乡镇村两级集体研究的、没有张榜公示的不纳入，具有自救能力但好逸恶劳的不纳入。四不准，即不准暗箱操作、不准优亲厚友、不准平均分配、不准张冠李戴。五比五看，即比收入，看来源是否仅靠种粮；比住房，看住的是否是拥挤房；比医疗，看是否小病拖大病扛；比就学，看是否供得起孩子上学堂；比劳动，看有无劳动致富愿望。

2010 年 8 月，保靖县研究制定下发了《关于切实做好扶贫对象复查复核和建档立卡工作的通知》（保办发〔2010〕48号），按照该文件提出的"八项原则"扎扎实实地开展了一次对象识别复查复核工作。八项原则即一是集中供养或散养的五保户，由民政部门负责帮扶。二是65 岁以上的老龄人口，纳入新型农村养老扶持范畴。三是对虽已享受低保，但达不到当地生活水平且有一定劳动能力的低保家庭人口，可以实行交叉扶持。四是对残疾或部分丧失劳动能力的对象户，纳入省下达的指导性指标内，由县政府筹集资金纳入扶持范围。五是对于其他类型的贫困人口，按照贫困程度依次排队，分期进入，优先扶持贫困程度深的。六是坚持以户为单位，优先考虑整户贫困对象，不允许拆户拼户。七是坚持从群众中来到群众中去，各村都要成立群众公认的评议小组。按照"农户申请、民主评议、审核审批、张榜公示"的程序进行，评出的结果做到贫困认定真实、群众认可。八是坚持动态管理，对于通过扶持达到脱贫标准的，经评议后退出扶持范围，对于已经纳入扶持的对象不按自己家庭申报和县扶贫办审批的项目实施的，一律停止扶持，腾出的指标用于扶持其他未得到扶持的贫困户。通过上述复查复核，全县扶贫对象户均人口达到 3.62 人，符合上级要求并通过了国办和省办的验收。

2010 年，试点范围由保靖县 1 个县，增加到保靖、龙山、古丈、泸溪 4 个县及永顺、花垣、凤凰、吉首部分乡镇；2010 年全州识别登记扶贫开发工作对象 53003 户，185365 人，扶持资金达到 7527 万元，以户为单位，人均扶持资金 400 元。

3. 资金保障

1987 年湘西州、县两级扶贫机构成立之初，国家和省尚未出台专门的扶贫资金管理办法，只是宏观上要求财政扶贫资金主要集中用于特困村的农田水利、乡村公路等基础设施建设，当地优势资源开发项目以及壮大村级集体经济及农民实用技术培训方面，微观上落实"两个优先"，确保"两个基数"，即对有助于直接解决群众温饱的种养业开发项目优先；对省定 741 个特贫村开发项目优先。确保扶贫贷款总量的 70% 落实到种养业项目；确保扶贫贷款总量 50% 以上落实到省定 741 个特贫村。州扶贫开发办对扶贫资金的管理主要实行项目审批制、部门负责制和扶贫项目资金的激励、约束及监督机制。

根据"统一规划，统筹安排，渠道不乱，作用不变，相对集中，重点使用，各记其功"的原则精神，对扶贫资金的管理使用在州统一规划的前提下，报经省扶贫开发办审批，使用时采取各部门分别负责的方式。州开发办主要是会同农业银行和工商银行管理好专项贴贷扶贫资金的使用，1991 年制定了《专项贴息贷款管理使用办法》，规定了资金的投向、承贷办法、发放方式等一系列具体问题，并总结推广了古丈县岩头寨乡对扶贫资金投入采取共同评估论证，分户立据，统一管理，见物不见钱的投放经验。

以工代赈是国家一项重大的扶贫措施。1991 年起有关方面会同湘西州计委等相关部门制定了《以工代赈工程管理办法》

《以工代赈建设项目财务管理办法》，为以工代赈实施提供了制度保证。对其他种养业农技扶贫项目，要求行业对口负责，责任落实到人，综合配套服务，推广技术、保险、行政管理承包。同时，州扶贫开发办与财政、审计和监察部门密切合作，建立联动机制，按照"项目跟着规划走，资金跟着项目走，监管跟着资金走"原则，不断加强扶贫资金的管理，对扶贫资金项目管理好、成效明显的单位，在资金项目上给予倾斜，对违规使用扶贫资金的单位和个人，依法严肃处理，坚决制止和杜绝违规违纪使用扶贫资金现象的发生。

1997年7月15日，国务院办公厅转发了《国家扶贫资金管理办法》国办发〔1997〕24号，同年11月26日，省扶贫开发领导小组制定了《湖南省扶贫资金管理实施细则》。此后，州扶贫开发办在扶贫资金的管理上，探索实施了扶贫开发项目公示公告制，对扶贫资金的分配和项目安排，采取适当方式公告，到村入户项目在所在村进行公示，广泛接受社会的监督，做到项目资金管理公平、公正、公开。

1999年，湘西率先改革扶贫资金的管理办法，实行扶贫项目财政报账制管理。州县扶贫办和财政部门都设立扶贫资金专户，所有扶贫资金都严格执行专户储存、专账管理、封闭运行，扶贫项目下达后，县市财政部门根据工程建设进度，将资金分次直接拨到项目，不再通过其他部门转拨。在预拨资金时，根据不同情况区别对待：对实行公开核算承包的单项工程，根据签订的具有法律效力的承包合同，在完成相应的工程任务后，由承包单位或承包人提出用款计划，经工程行政负责人和工程技术负责人签字，报县市扶贫主管部门审查后，由财政部门分期拨付资金。对未实行承包的项目工程，由工程指挥部根据工程进度和工程质量提出用款计划，经县市扶贫主管部门审查后，报财政部门分期拨付资金。扶贫部门严格把好报账前的审核关。同时，加强扶贫项目实施过程中对项目建设的跟踪检查，项目实施结束后，组织专家和有关人员进行验收，通过经常性检查和专项检查，确保项目目标的实现。

从资金性质来看，扶贫资金包括财政扶贫资金和银行扶贫贴息贷款；从资金渠道来看，扶贫资金包括发展资金，新增财政扶贫资金，以工代赈资金和省、州、县财政周转金以及其他明确规定用于扶贫的财政资金。2000 年以前，湘西扶贫资金以扶贫贷款和财政周转金为主，2000 年以后，财政转移支付和无偿投入逐年加大，财政专项扶贫资金逐步成为扶贫资金的主渠道。

（三）扶贫规划

湘西州扶贫开发办的主要工作职责是研究制定扶贫开发中长期发展规划和年度实施计划，并协调有关部门实施，除去年度工作计划外，现实工作中对湘西扶贫开发产生重大指导意义的规划有以下几次。

1986 年 9 月，全州共组织了 114 名多学科科技人员，制定扶贫规划项目 848 个，在此基础上，州委、州政府逐项研究，集思广益，提出了"一八四"开发设想，即首先解决群众温饱，抓好粮食基础；其次以优势资源开发为重点，实行苎麻、烟草、草食牲畜、林果业、茶叶、中草药材、矿产品和旅游与民族工艺八个系列开发；加强农业基础设施、科技队伍、交通能源、服务体系四项基本建设。这样，把当前和长远，解决群众温饱和发展商品生产、农业和非农业等有机地结合在一起，使整个扶贫开发工作开始走上有计划、分层次、系列开发、协调发展的轨道。

1992 年 8 月，州扶贫开发办会同农业各主管部门，组织 200 多名领导、工程技术人员，运用农业区划、国土规划的成果，在《湘西州"八五"计划和十年规划》的基础上，制定了《武陵山区（湘西州）"八五"农业和农村支柱产业规划综合报告》。提出了"八五"期间湘西支柱产业开发的基本思路是以部优、省优、名特优产品为拳头，以规模商品基地建设为依托，实行区域规划，系列开发，走贸工农技一体化的道路，实现优质、低耗、高产、高效。通过5年的努力，建设起农民有稳定收入，地方财政有可靠财源的支柱产业。规划目标是每年以15万亩左右的开发速度向前推进，到1995年年底，使全州果药茶桑总面积达到100万亩以上。其中以古丈为重点，以保靖、永顺为辐射区域，新扩茶叶基地3万亩，继续扩建改建茶叶加工生产厂家；以龙山、凤凰为重点，新扩黄檗、杜仲、厚朴等"三木"药材基地40万亩，支持建设中药材加工生产线；以永顺、龙山为重点，以保靖、泸溪为辐射区，新扩蚕桑基地7万亩，建设两个3600—4800绪的缫丝厂；以吉首、泸溪、保靖为重点，辐射凤凰、永顺，新扩以优质椪柑为主的柑、柚、李、栗等名优干鲜果基地20万亩，在铁路及国道线主产区，建设一批以储藏、加工、包装相结合的初加工、精深加工设施；以花垣、保靖为重点，建立优质高产红薯基地25万亩，扶持以花垣县红薯综合加工厂为龙头的系列加工、销售体系；以龙山、永顺为重点，建立稳产、高产油菜基地60万亩，扩建龙山植物油厂，新建2个年加工能力万吨的植物油精炼厂；以吉首、花垣、凤凰为重点，新增肉兔饲养量190万只；以龙山、永顺为重点，新增牛饲养量8万头，羊15万只，鹅80万羽，以吉首、凤凰为重点，完善配套冷冻储藏库、扶持一批加工生产线和制革、皮件、羽绒制品等加工型企业；以古丈为重点，新增网箱养鱼面积10万亩以上。

1994年12月，州扶贫开发办制订了《湘西土家族苗族自治州扶贫攻坚计划（1994—2000年）》，提出了全州扶贫攻坚的指导思想和具体奋斗目标，以及围绕奋斗目标组织实施"二四五九"工程的工作措施。即全州扶贫攻坚事业分两步走，第一步，到 1997 年建州 40 周年时基本解决温饱；第二步，到 2000 年实现稳定脱贫。按照"两步走"的设想，全州大力加强商品粮基地建设、财源工程建设、基础设施建设和丘岗山地开发四大工程建设，建立烟草、食品、轻纺、化工、冶金五大支柱产业，完成解决群众温饱、解决人畜饮水困难、农村通电、通公路、通广播电视、通电话、发展农村教育、建设农村卫生院以及解决无房户住房困难九项具体工作任务。

到 1995 年 4 月间，出台了《湘西州山地综合开发总体规划》，1995 年 4 月 22 日，州政发〔1995〕17 号文件进行了转发。其主要内容是：以市场为导向，以资源为依托，以建设商品基地为基础，加大开发力度，使山地开发成为全州重要的经济增长点和农民脱贫致富的基本途径。计划分两步实施，第一步（1995—1997 年），在建州 40 周年时，抓好基地建设，初步形成商品基地规模；第二步（1998—2000 年）巩固前期成果，侧重抓好产品系列开发，兴办和改造一批深度加工项目，建设支柱产业，实现农工商一体化，产供销一条龙。基地建设主要内容有：在当时 17 万亩速生丰产用材林基地基础上，分两期新扩 35 万亩，使之形成 52 万亩规模；在现有 25 万亩椪柑基地基础上，分两期新扩 25 万亩，总规模达到 50 万亩，以四线两水流域为重点，抓 60 个 5000 亩以上的规模乡镇；在当时 15 万亩时鲜水果和板栗基地基础上，分两期新扩 15 万亩，使之形成 30 万亩规模，重点抓 15 个规模乡镇；在当时 7 万亩茶叶基地基础上，分两期新扩 8 万亩，使之形成 15 万亩规模，以古丈县为主，抓 10 个规模乡镇；在当时 5 万亩蚕桑基地基础上，分两期新扩 15 万亩，使之形成 20 万亩规模，以龙山、永顺县为主，抓 15 个规模乡镇；在现有 43 万亩药材基地基础上，分两期新扩 42 万亩，使之形成 85 万亩规模；畜禽水产基地重点抓 50 个基地乡镇，扩建 10 万亩人工草场，牛、羊、禽饲养量 1997 年分别达到 48 万头、100 万只、1000 万羽，2000 年分别达到 80 万头、

200 万只、2000 万羽。加工增值方面重点抓好林产品系列加工、茶叶系列加工、蚕茧系列加工、中药材系列加工、果品系列加工和畜产品系列加工。

1995 年，湘西州委、州政府制定了《关于实施〈六六温饱脱贫工程〉实施意见》，计划用 6 年时间解决全州 60 万人的温饱。同时下发了《关于加速山地开发，建设支柱产业的决定》，修订和完善了全州山地开发总体规划。当年年底，州扶贫开发办制定了《四线两水流域扶贫产业开发规划》，其主要内容是：以县域经济为单位，以果药茶桑畜为主导产业，沿国道省道、铁路、河流、水库连片规模开发建设果、药、茶、桑基地，同时在高海拔的深山大山区建立药材基地。规划建设 5000 亩以上开发面积的基地乡镇 100 个，1000 亩以上的村 300 个。形成 4 个产业带：泸溪、吉首、凤凰沿武水流域 20 万亩椪柑产业带；古丈默戎至永顺永茂镇沿铁路 10 万亩茶果产业带；保靖龙溪乡起经花垣团结至龙山里耶弯塘沿公路线 10 万亩橙柚产业带；永顺松柏、青天坪至龙山洗洛沿 209 国道线 10 万亩桑果产业带。2 个药材基地：以龙山大安乡和花垣排料乡为中心各建 10 万亩"三木"药材基地。全州通过抓 100 个果、药、茶、桑商品基地乡镇，50 个商品畜基地乡镇，计划到 1997 年新发展柑橘 20 万亩，产量 150 万担以上；新发展茶叶 7 万亩，产量 5 万担；新发展蚕桑 15 万担以上；新发展药材 10 万亩，产量 15 万吨；山羊饲养量达到 80 万只，出栏 50 万只。

1998 年，州扶贫开发办制订了全州口粮田建设"三年发展计划"，即从 1998 年开始，计划用 3 年时间在特困乡村建设 10 万亩基本口粮田土，在其他面上乡村建设改造 10 万亩旱涝保收农田，使特困村人均稳定口粮田土达到 0.4 亩，全州农村人均旱涝保收农田达 0.5 亩。

2000 年，州扶贫开发办在启动新一轮扶贫开发工作时，提出了新一轮扶贫开发"分层次推进"的工作思路，制定了全州分层次推进的量化目标体系和新一轮扶贫开发工作规划，特别是决定对 90 个边远特困村全面实行扶贫攻坚新机制，即从 2001 年 1 月起，每个村明确 1 名有农村工作经验、有责任心、工作能力强的县市级领导和 1 名乡镇主要领导挂点，选派 1 名国家干部任村党支部第一书记，1 名农技干部任村科技副主任，在校学生 60 人以上的村选派 1 名支教教师任村小学校长，一定 5 年不变，点上不脱贫，人员不脱钩。在资金投入上，决定自 2001 年起 3 年中筹措无偿资金 8730 万元，扶贫贷款 3000 万元用于 90 个村基础设施和特色产业的启动开发。对 90 个村实施休养生息的特殊政策，对农业税、农业特产税、牲畜屠宰税、教育附加费征收后全额返回，用于本村的生产建设，提高自我发展能力。切实帮助 90 个村特困户子女解决读书难的问题，在建好村小，增强教学功能的同时，从省财政安排的少数民族义务教育助学金和希望工程失学儿童救助金中拿出一定比例，对特困村特困户子女九年义务教育实行希望工程救助。加大对 90 个边远特困村的科技投入，各级财政拿出一定资金用于这些村科技培训和新技术新种苗的示范、推广、应用。由州县市农业局、扶贫开发办牵头，组织农业技术顾问组，定期在特困村进行技术培训、技术服务工作，把科技扶贫措施落实到村、到户。切实帮助 90 个村解决就医难的问题，各级财政安排的民族医疗减免费，重点用于这些村医疗减免和建立标准村级卫生室。

2001 年，州政府批转了州扶贫开发办制定的《湘西自治州 10 万亩橙柚开发规划》，在全州范围内开展了农村支柱产业第二次创业，即从 2001 年起，经过 3—5 年的努力，在州内低海拔地区新建 8 万—10 万亩橙柚基地，在中高海拔地区新建 10 万亩猕猴桃、梨等干鲜果基地。2001 年 6 月，《国务院扶贫开发纲要（2001—2010 年）》传达到湘西，州扶贫开发办相应制定了《湘西土家族苗族自治州农村扶贫开发实施纲要（2001—2010）》，提出了全州扶贫开发未来 10 年的奋斗目标、工作方针、对象和重点、内容和途径、政策措施、组织领导等。总体奋斗目标是争取到 2005 年全州有 1000 个村稳定解决温饱，1000 个村稳定脱贫，100 个村初步实现小康目标；2010 年，比较稳定地解决全州农村 23 万原生贫困人口的温饱问题，努力提高 82 万低收入人口的生活水平，促进经济社会的全面发展。

2006 年，按照省扶贫开发办、省交通厅的要求，州扶贫开发办制定了通达工程规划实施方案，计划从 2006 年起，用 3 年时间完成全州 367 个未通公路村通路任务。2008 年全面实现村村通公路的目标。当年，州扶贫开发办制定了"300 万工程"规划发展战略，即在全州完善中高海拔地区产业扶贫发展规划的同时，按照 5—10 年发展 100 万亩的产业、培养 100 家扶贫龙头企业、脱贫 100 万农民的发展战略，坚持以中高海拔地区为重点，全力推进扶贫产业开发。①

（四）相关扶贫举措

1. 专项扶贫

（1）温饱工程扶贫

湘西人多地少，资源贫乏，粮食生产历史上都是低而不稳，产量上下波动幅度高达 30%—50%，造成这种情况的主要原因有：一是耕地面积小，全州人均有效耕地仅 0.98 亩；二是耕地质量差，全州 147 万亩稻田中有 30 万亩天水田，20 万亩冷浸田，60 万亩旱地中有 30 万亩挂坡土；三是农田基本设施脆弱，全州人均旱涝保收稻田只有 0.38 亩；四是耕作方式粗放，全州直到 20 世纪 80 年代中后期才结束刀耕火种、稀植大蔸的原始耕作模式。实施温饱工程扶贫，州委、州政府突出抓了商品粮基地建设、基本农田建设、农村小型基础设施建设、生态环境

---

① 湘西州扶贫办档案材料。

建设和农业技术支撑体系建设。

1987 年，湖南省农科院在湘西凤凰举办 27314 亩杂交水稻丰产示范片，当年亩产达 508.8 公斤，比上年增产 9.6%。

从 1988 年开始，国家农业部在湘西花垣、保靖、永顺三县启动实施了"温饱工程"，通过推广玉米地膜覆盖栽培、水稻"双两大"和旱育栽培、旱土分厢间作套种多熟制栽培、测土配方施肥及病虫草鼠综合防治等实用技术，实施优质种苗工程、商品粮基地建设工程、粮食自给工程以及农业科技效益工程等四大农业工程建设，全面推动全州粮食生产的发展。

1991 年开始，湘西引进外资近 2 亿元，实施由世界粮食计划署援助的武陵山区农业综合开发项目，极大地提高了粮食综合生产能力，全州人均增加了粮食占有量 50 多公斤。

1994 年起到 1997 年，全州投入 2452 万元建设了 50 个商品粮基地乡镇。重点建设实施了集雨节水高效农业、小水电和以沼气池为基础的农村能源建设以及改栏、改厕、改厨、改水、改路为主的农村"五改"工程。

1995 年，湘西制订了"六六温饱脱贫工程计划"，即计划用 6 年时间解决全州 60 万人的温饱问题。

1996 年，全州精心组织了 30 万亩紧凑型早玉米播种战役、120 万亩杂交水稻规范化栽培战役及冬季农业开发三大战役，50 个商品粮基地乡镇除泸溪县几个乡镇遭受水灾减产外，粮食产量创历史纪录，结束了外调口粮的历史，实现了丰年有余，正常年景州内粮食供求平衡，灾年能自给的粮食生产目标。

1998—2000 年，湘西加大了农村口粮田建设力度。3 年全州共完成各类水利工程 2200 多处，新开口粮田土 11.1 万亩，其中坡改梯 3.3 万亩，旱改水 3.7 万亩，水毁田恢复 4.1 万亩，病险水库加固 83 座，渠道配套 34 万米，新增和改善灌溉面积 13 万亩。2000 年年底，全州旱涝保收农田面积达 85 万亩，人均旱涝保收面积 0.47 亩。

进入 21 世纪后，虽然由于退耕还林、工商交通占地、调整种植业结构、发展经济作物等因素的影响，湘西粮田面积存在略有减少的趋势，但由于大量青壮年劳动力外出打工，本地口粮消费人口减少，所以全州粮食供求基本稳定在解决温饱的水平上，温饱工程扶贫已不再是扶贫开发的主要任务。

（2）产业开发扶贫

湘西州草山草坡资源丰富，自 20 世纪 80 年代末国家开始实施大规模反贫困战略以来，州委、州政府提出了抓好一个基础，实行八个系列开发，搞好四项基本建设的"一八四"开发设想，其中一个基础为粮食生产，八个系列开发为林果业、烟草、茶叶、苎麻、中药材、草食动物、矿产品、旅游及旅游工艺品开发，四项基本建设为农业基础设施、交通能源、科技教育、农业服务体系建设。

自 20 世纪 90 年代中后期以来，全州的温饱问题基本得到解决，这为进一步调整农业经济结构奠定了基础，农业结构调整步伐明显加快，经济作物和养殖业生产迅速发展。经过 1994—1998 年、2001—2003 年两次农村支柱产业创业工程的发展，初步建成了全州以椪柑为主的林果业、以烤烟为主的经济作物种植业、以山羊为主的畜牧养殖业三大支柱产业，实现了全州农村支柱产业开发总量上的重大突破。

2004 年起，湘西相继出台了《关于加快推进农业产业化的若干意见》《湘西自治州农业产业化州级龙头企业认定和运行监测管理暂行办法》等专门文件，从政策激励、发展思路、扶持措施等方面引导农村支柱产业的健康发展；州县市成立了农业产业化领导小组，实行"一个产业，一个规划，一套班子，一套扶持政策"，形成合力，切实组织和领导农业产业化建设。

1988 年 10 月，湘西做出"五年消灭荒山，十年绿化全州"的决定，并在龙山县召开了全州林业工作会议，会后各地迅速掀起了植树造林高潮，永顺县当年投工十余万个，办了 1.2 万亩速生林林场，"七五"期间规划椪柑基地 5 万亩，当年完成开沟撩壕压绿 3 万亩，定植 1.1 万亩。1988 年草食牲畜有较快发展，肉牛养殖当年存栏量 40.48 万头，羊 32.03 万只，饲养肉兔开始起步，全州饲养量达 4.4 万只。全州涌现了一批专业村、专业户，如龙山县八面山乡 642 户，户均养牛 4.02 头，养羊 3.68 头，该乡专业户刘生才一家 5 口人，养牛 105 头，养羊 154 只。

1989 年，全州共投入专项贷款 478 万元，新扩柑橘面积 1.74 万亩（其中椪柑 1.34 万亩），落叶水果面积 0.62 万亩，干果面积 1.03 万亩，茶叶面积 0.44 万亩，药材面积 4.37 万亩（其中木本药材 2.9 万亩），合计 8.2 万亩，全州户均 0.18 亩。涌现了一冬完成 1000 亩以上规模开发的乡镇 20 多个，如吉首市马颈坳镇，泸溪县长坪乡，古丈县坪坝乡，花垣县补抽乡，永顺县羊峰乡、回龙乡、仓坪乡、柏杨乡、润雅乡、石堤镇，保靖县拔茅镇，龙山县石牌镇、大安乡，凤凰县山江镇等。

1990 年山地开发当年，新植果、药、茶、桑 9.1 万亩，牛、兔、鹅饲养量分别达到 36.48 万头、7.3 万只和 16.48 万羽。1991 年，全州农村支柱开发速度明显加快，当年定植了果、药、茶、桑 12.5 万亩，相当于"七五"期间开发总面积 20 万亩的 62%，草食牲畜牛、羊、兔持续增长，肉兔饲养量达 11 万多只。开发规模逐步集中连片，出现了连片开发上千亩乡 36 个，4 个重点肉兔养殖乡饲养量达 6.8 万只。开发质量比以往任何一年都好。

1992 年，全州发展烤烟 32 万亩，定植果、药、茶、桑、13.5 万亩。全州安排新上乡镇企业项目 58 个，落实到位扶贫资金 1761 万元，当年乡镇企业完成总产值 6.9 亿元，比 1991 年增长 34%，实现利税 9000 万元，比 1991 年增长 45%。

1993 年，全州加快了重点项目和规模乡镇开发的速度，全年完成果、药、茶、桑基地定植面积 20 万亩，比 1992 年增加了

7万亩；烤烟栽培面积34.7万亩，比1992年增加1.7万亩；草食畜禽饲养量牛40万头、羊98万只、肉兔80万只，分别比1992年增长了2.7%、30%和60%。乡镇企业有新的突破。全州乡镇企业总产值实际完成10.7亿元，实现利润8400万元，分别比1992年增长54.7%和29.1%。

1994年，全州各级抱定抓山脱贫、抓山致富的信心，组织连片规模开发，全年完成开发总面积15万亩。规模开发5000亩以上的乡镇达到62个，占全州乡镇总数的28%。州委、州政府对8县市采取产业开发任务目标管理的方式，签订责任状。全州8县市委书记和县市长都创办或规划了样板工程地段。同时州县市围绕开发的主导产业，以加工销售企业或技术服务部门为依托，成立椪柑、茶叶、蚕桑、药材、畜牧开发总公司，基地乡镇拟成立开发分公司。

1995年，全州果、药、茶、桑开发总面积达到110万亩，人均0.5亩，涌现了一批"一村一品""一乡一品"的规模乡、村。以椪柑为主的柑橘面积达33万亩。形成了酉水、武水、猛洞河、凤滩库区四大片30万亩以椪柑为主的柑橘产业带，龙山15万亩木本药材带，古丈4万亩优质茶叶开发带，以及以永顺柏杨乡、龙山水田河乡为中心的蚕桑开发区。

草食牲畜发展加快，到1995年年底，山羊饲养量达到69.8万只，牛饲养量达到48.8万头，分别较"七五"末期增长了22%和1.8倍。全州果、药、茶、桑开发面积5000亩以上的基地乡镇达到47个，万亩以上乡镇17个；出现了115个千亩村，210个百亩户。

1996年，州委、州政府按照开发式扶贫的思路，突出了以烤烟为主的经济作物种植业、以山羊为主的养殖业、以椪柑为主的林果业开发。烤烟实现了种植面积、产量和效益3项指标历史最高水平。州县市分别成立了山羊开发公司。当年全州山羊饲养量达到121.37万只，同比增长73.4%；出栏46.03万只，同比增长 89.35%。全州建成万只羊乡 7 个，千只羊村 48 个，养羊专业户 3164 户，户均达 60 只以上。

1996 年，全州共完成山地开发新扩面积 13.2 万亩。1997 年，州扶贫开发办根据实事求是、分类指导的原则，重点实行两大战略转移，即椪柑开发由大面积基地开发迅速转移到产业化建设上来，工作重点迅速由低海拔地区转移到中高海拔地区上来。当年完成以椪柑为主的果、药、茶、桑开发新扩 8 万亩，以烤烟为主的经济作物栽培面积达 34 万亩，全州养羊项目村达 500 多个，年收入 2000 多万元。

1998 年，全州烤烟、山羊、椪柑三大农村支柱产业得到稳定发展。果、药、茶、桑累计开发面积达 135 万亩，其中以椪柑为主的柑橘面积达到 52 万亩，柑橘产量 12 万吨以上，收入可达亿元以上。种植烤烟 22 万亩，产烟 48 万担。山羊饲养量 128 万只，出栏 48 万只。

1999 年，全州支柱产业扶贫立足于科技进步，加快了结构优化和调整的步伐。烤烟支柱产业突出优质烟栽培，面积稳定在 20 万亩；山羊支柱产业突出品种改良，大力引进"波尔羊""南江黄羊"等优良品种，当年实现山羊饲养量 104 万只；椪柑支柱产业在稳定原有规模的基础上，突出低产劣质园的改造和品种改良，积极发展橙柚类新品种，全州完成低产劣质园改造改良面积 0.5 万亩，完成新橘园定植面积 3 万亩，其中橙柚类定植面积 0.6 万亩。同时支柱产业扶贫立足于提高效益，加大了培育管理和市场开拓力度。中高海拔地区的支柱产业开发呈现了良好的发展势头。

2000 年，州扶贫开发办以稳定增加农民收入为重点，稳步发展农村三大支柱产业。烤烟产业在困中求发展，全州烤烟种植面积达 23 万亩。全年山羊饲养量 125 万只，出栏 48.25 万只，分别比 1999 年增长 2.0% 和 14.6%。当年全州开发新品种橙柚 1.17 亩，在中高海拔地区开发猕猴桃 1.12 亩，发展高山反季节蔬菜 3 万亩，种植百合 4.4 万亩，开发梨、板栗等干鲜果 3 万亩。以椪柑为主的柑橘产业突出培管抓品质，全年完成劣质低产园改造和高接换种 1.12 万亩；突出销售开拓市场，加大了椪柑产业的市场开拓力度。三大支柱产业总收入达 4.5 亿元，全州农民人均增收 208 元。

2001 年，全州顺利启动了农村支柱产业第二次创业，州政府与 8 县市政府签订了责任状，将橙柚开发工作实现了目标管理。当年完成橙柚新开面积 5.27 万亩，猕猴桃、梨、李等开发面积 2.5 万亩。到 2003 年年底，全州共开发橙柚面积 185623.1 亩，为 10 万亩规划面积的 185.6%，为 8 万亩州政府目标管理任务的 232%。项目覆盖 115 个乡镇，687 个村，85009 户农户，357359 人。建成 3000 亩以上的橙柚开发规模乡镇 26 个，500 亩以上专业村 100 个。经过多年的艰苦创业，湘西已初步形成了以烤烟为主的经济作物种植业、以山羊为主的畜牧养殖业、以椪柑为主的林果业三大支柱产业。全州专业村总数达到 800 个，其中水果业专业村 400 个，养殖业专业村 100 个，烤烟专业村 300 个。

2004—2008 年，州扶贫开发办围绕整村推进扶贫模式狠抓龙头企业带动扶贫。把扶持扶贫龙头企业作为提升扶贫产业的主要措施来狠抓落实，全州认定产业化龙头企业共 473 家，其中州级以上龙头企业 32 家，国家级扶贫龙头企业 10 家。老爹公司、亿事达公司、湘泉制药、金山实业等一批龙头企业在贴息扶贫和引导资金的支持下得到不断发展，增强了市场的竞争力，带动近 45 万农户脱贫致富。加大优势支柱产业建设力度。全州选定了 24 个总面积为 10 万亩的椪柑出口基地，并取得了国家出入境检验检疫局柑橘出口基地注册认证，实现了中国柑橘出口欧盟零的突破，得到了国家商务部、出入境检验检疫局的高度赞赏。狠抓灾害受损的产业恢复和重建，新开发蔬菜、茶叶、中药材等特色经济产业 25 万亩，完成脐橙、椪柑品改、低改 20 万亩，完成种猪品种改造 5374 头。

2009 年，全州贫困农民的产业开发热情逐步升温，农民自身投入比重不断增加。当年完成中高海拔地区茶叶、中药材和特色经济作业面积 12.95 万亩；完成柑橘品改低改面积 16.86 万亩；新开发水果（含茶叶开发）面积 6.15 万亩；建立优质椪柑出口基地 2.46 万亩。

2010 年，全州产业扶贫取得重大进展，新开发特色产业基地 11.44 万亩，实施柑橘低改品改 25 万亩、新建柑橘出口基地 1 万亩。全州产业开发总面积达 330 万亩，乡村人口人均 1.86 亩。以椪柑、猕猴桃为主的水果产业达 120 万亩，以烤烟、蔬菜、花椒、茶叶为主的特色经济作物面积达 150 万亩，中药材基地面积达 21 万亩。全州每年大约安排 1500 万元西部大开发专项补助（贴息）资金，重点扶持州级以上扶贫龙头企业发展。到 2010 年年底，全州农产品加工企业达 589 个，州级以上扶贫龙头企业 35 家，国家级扶贫龙头企业 10 家，带动全州 22 万户农户、45 万贫困人口增收。

（3）基础设施建设扶贫

自然条件差，基础设施落后，信息闭塞，是湘西农民贫困落后的重要原因，多年来扶贫开发过程中积极实施以通路、通水、通电、通广播电视、通电话为主的"五通"工程基础设施建设扶贫，共完成各类小型农田水利工程 6 万多处，完成 16 座中型、298 座小 II 型病险水库和大量病险山塘的治理，农民人均旱涝保收农田由 0.37 亩增加到 0.47 亩，解决了 121 万人的饮水困难；全州实现了 97.2% 的行政村通公路，100% 的行政村通电、通电话、能接收广播电视。

1986—1989 年，全州共安排资金 10648 万元在人畜饮水、小水电和公路建设方面，共建设人畜饮水工程 1979 处，解决了 1732 个村、32.7 万人和 25 万头大牲畜的饮水困难，新增浇灌面积 2.25 万亩。建设小水电工程 36 处，装机 1 万千瓦，解决了

35 个无电乡的缺电问题，新增 4.65 万户、20.6 万人的生活照明。新修公路 63 条、839 公里，解决了 12 个乡通车，21 处火车站连接公路，连接 2 处断头公路，促进了城乡物资交流，为治穷脱贫创造了条件。

1990—1995 年"八五"计划期间，水利水电建设共投入建设资金 4.4 亿元，投入劳动工日 10400 万个，完成工程量 6400 万立方米，分别是"七五"计划的 4.4 倍、1.6 倍和 2.0 倍；共完成大中小水利工程 4 万多处，整治 150 多座水库，新修渠道 740 公里，使有效灌溉面积达到 110 多万亩，旱涝保收农田达到 79.7 万亩；先后建成骨干电站 5 座，装机 8.7 万千瓦，架设农村输电线路里程 2300 多公里，解决了全州 98% 的乡和 80% 的村的生产生活用电；新建各种人畜饮水工程 800 多处，解决了 24.8 万人和 19 万头大牲畜的饮水困难；共新修改造四级以上公路 17 条，通车里程达到 200 多公里，98% 的乡镇和 56% 的村通了公路；共新建了中小学"希望学校"132 所，建筑面积达到 9.96 万平方米；使 219 个乡镇，909 个村通了广播。

1996 年，全州通村公路建设完成国家投资 900 万元，州县市财政补助资金 208 万元，群众自筹 145 万元，开工 288 处，竣工 464 公里，135 个村新通公路。全州有 300 个村新通广播，183 个村新建了地面卫星、电视接收站。全州共募集资金 1353 万元，建设希望小学 61 所。

1997 年，全州 741 个省定特困村有 80 个村动工修建通村公路；有 40 个村开始架设通村输电线路，当年有 11 个村完工，其中省扶村 4 个，州扶村 3 个，县扶村 4 个，共解决 951 户特困农户的生产生活用电问题；有 54 个省定特困村新通了广播，28 个省定特困村新通了闭路电视；有 30 个省定特困村新通了电话；全州 741 个省定特困村共兴建 705 处水利工程，新增与改善灌溉面积 2.128 万亩，解决人畜饮水 1.67 万人/头。

1998 年，全州启动实施口粮田建设计划，当年共有 559 个村开工，完成旱改水 12482 亩，完成坡改梯 8819 亩，水毁田恢复 9308 亩，渠道配套 19.4 万米，新增灌溉面积 2.9 万亩。全州共有 2101 个村已经修通公路，通公路村比例由 1997 年的 74.6% 增加到 78.98%；有 25 个村架设通村输电线路；全州新增通广播电视村 384 个；新增通电话村 114 个；新解决人畜饮水 4 万人、2.67 万头大牲畜，饮水困难人口由 1997 年年末的 32.87 万人下降到 28.87 万人；全州希望小学由 1997 年的 200 所增加到 280 所。

1999 年，全州完成旱改土 1.3 万亩，坡改梯 1.6 万亩，水毁田恢复 2.4 万亩，完成渠道防渗 15 万米，病险库保险保安 83 座，新增和改善灌溉面积 6.3 万亩，新增和恢复旱涝保收面积 3.5 万亩。新修通村公路共计 416 公里；新架设输电线路 60 个村 83 公里，新增通有线电视村 108 个，其中省定特困村 77 个；新增通电话村 32 个，其中省定特困村 21 个；新建人饮工程 476 处，改善解决饮水困难人口约 3 万人，其中省定特困处 412 处，改善解决饮水困难人口近 2.5 万人；全州新建希望小学 74 所，其中省定特困村 37 所。

2000 年，全州完成各类水利工程 1200 多处，新开口粮田土 2.5 万亩，其中坡改梯 0.6 万亩，旱改水 1.2 万亩，水毁田恢复 0.7 万亩，新增和改善灌溉面积 4 万亩，全州旱涝保收面积共达 85 万亩，人均旱涝保收面积达 0.47 亩。全州新通公路村 47 个，共修公路 235 公里，通公路村比例由 1994 年的 58% 提高到 85%。新增通电村 14 个，其中特困村 12 个，通电村比例由 1994 年的 89% 提高到 100%。新通电视村 240 个，其中特困村 24 个，通电视村比例由 1994 年的 25% 提高到 100%。新通电话村 330 个，其中特困村 28 个，通电话村比例由 1994 年的 3% 提高到 74%。新建人饮工程 86 处，新解决 3.6 万人的饮水困难，其中特困村新建 74 处，新解决 2.89 万人的饮水困难，全州饮水困难人口由 1994 年的 56 万人下降到 22 万人。全州完成农村贫建房 968 户。

2001 年，全州新增通公路村 60 个，共修公路 468 公里；通电话村 264 个，通电村寨 241 个，共架设输电线路 1131 公里；新建人饮工程 366 处，解决 5.56 万人的饮水困难。

2002 年，全州新修通村公路 270 公里，解决 40 个村不通公路的问题；完成人畜饮水工程 800 多处，解决了 16 万多人和 56 万多头大牲畜饮水困难的问题；对 6 万多农户进行了农网改造，农村每度电价下降 0.15—0.65 元；新增有线电视小片网 136 个，农村有线电视用户增加 19322 户；141 个村开通了程控电话，全州通程控电话村数达到 2138 个；完成扶贫建房 900 户；改造乡镇卫生院 8 所，新建村卫生室 100 个。

2003 年，全州共投入水利建设资金 2.6 亿元，完成了 4 座中型病险水库的除险加固，州县筹措资金 2000 万元（其中扶贫部门 500 万元）完成了 80 座小 II 型病险水库和 100 座病险山塘的治理；投资 500 万元用于人饮工程，缓解了农村的饮水难问题；共投入资金 4132 万元（其中扶贫部门 2000 万元），新建沼气池 38828 个，建 "两省灶" 23238 个。

2004 年，全州驻点帮扶村共兴建水利（引水）工程 710 处，解决 93100 多人的饮水困难问题；修筑村组公路近 1100 公里；架设高低压电线近 400 公里，解决 10000 余户农户用电问题；维修和新修小学、村部 157 所；新建沼气池 10170 多口。

2005 年，全州新增通村公路里程 253 公里，新增或改造输变电线路 133 公里，新修维修水利工程防渗渠道 35 公里；新解决饮水困难人口 4 万人；新修沼气池 15175 口，新修节柴灶 2121 口。

2006 年，全州启动实施 "通达工程" 扶贫，州扶贫开发办当年安排通达工程资金 900 万元，开工建设有 25 个（处），完成新修、整修村级公路里程 56 公里，分别占当年任务数的 52% 和 42%；同时筹集资金 1406 万元，对 272 个村的村间道路进行硬化，完成硬化里程 628 公里，贫困村的村容村貌得到了较好改观。

2007 年，全州以"五通"为主的基础设施建设扶贫不断完善，通达工程全面实施，州扶贫开发办当年安排通达工程建设资金 3319 万元，实施通达工程 174 处，当年完工 147 处，行政村通公路率由 85% 上升到 90.4%；以村道硬化为主的贫困村整治工程成为新亮点，全年归集整合资金 1000 多万元，完成村道水泥路面硬化 100 多公里，贫困村村容村貌得到较好改观。

2008 年，全州实施以通达工程为重点的农村基础设施建设，年内完成 62 条通村公路，完成通村里程 273 公里，完成投资额 2882 万元；推进以日元贷款项目为主导的重点外资扶贫项目建设，全州本年度新开工日援项目 6 个，完成项目投资 1.3044 亿元人民币，为年度计划 1 亿元人民币的 130%。

2009 年，全州共开工整修、新修村级公路 198 条，完成里程 341.2 公里；完成沼气池建设和改造 11888 口；农村安全饮水工程全年投入 1643.2 万元；开工建设日援项目 1 个，完成投资 7577 万元人民币。

2010 年，州扶贫开发办围绕农村支柱产业开展基础设施建设扶贫，逐步夯实了产业建设的基础，农村生产生活条件得到了较大改善。当年全州新建续建农村通达村级公路 190 条，实施通达里程 300 多公里，行政村通公路率达到 97.2%；实现了 100% 的行政村通电、通电话、能接收广播电视；新修了 450 多公里产业园区道路和田间道路；新修了 159.55 公里灌溉防渗渠道；新修厂房 1200 多栋；当年安排沼气池建设资金 195 万元，新建农村沼气池 9028 口，沼气建设累计达到 15 万口，建"两省灶" 6 万个，沼气池入户率达 28%。

（4）外资项目扶贫

①日元扶贫贷款项目

2000 年，州扶贫开发办开始申报湖南省日元贷款武陵山区环境与生活条件改善项目（简称日元扶贫贷款项目）；2003 年 3 月 31 日，中日双方政府正式签订了日元扶贫贷款协议；2005 年州政府与省日元办正式签约。全州日元扶贫贷款项目总投资 5.78 亿元人民币，占湖南省项目总额的 82.3%，是湖南省日元扶贫贷款项目建设的重点地区，其中由日本国际协力银行提供贷款 4.29 亿元人民币，国内配套 1.49 亿元，项目涉及教育、卫生、市场、供水 4 个方面，共 49 个子项目，主要分布在吉首市乾州开发新区，泸溪县浦市镇，凤凰县山江镇、廖家桥镇、阿拉镇，古丈县罗依溪镇，花垣县茶洞镇、董马库镇，保靖县梅花乡、复兴镇，永顺县王村镇、石堤镇，龙山县里耶镇等 50 个乡镇，覆盖近 20 万农户，项目建设期为 5 年，还款期限为 30 年或 40 年。2005 年，日元扶贫贷款项目办公设备（包括小车、电脑等）全部按合同到位，全州有浦市镇中学、王村镇水厂等 11 个子项目开工建设；2006 年，全州有里耶卫生院、罗依溪农贸市场、阿拉镇中心医院等 11 个子项目进入施工阶段，另有龙山里耶中学、永顺教育项目、古丈教育项目、古丈卫生项目、花垣茶洞卫生院、花垣茶洞市场、董马库供水项目 7 个项目完成招投标；2007 年新开工建设 7 个项目，另有 6 个项目进入招投标程序；2009 年开工建设项目 1 个，在建项目 15 个，完成投资 7577 万元；到 2010 年年底，全州累计完成日元扶贫贷款项目投资约 5.78 亿元，另争取省日元办调差资金计划 5000 万元，用于医疗、教学等项目扫尾。

②凤凰县德国援助项目

2005 年，州扶贫开发办配合凤凰县扶贫开发办开始对由德国政府援助的凤凰县腊尔山地区农业综合开发项目进行可研论证、初步设计及工程概算。2007 年，项目前期准备工作基本结束，计划总投资 5000 万元，其中德国政府无偿援助 2500 万元。2010 年，完成德援项目投资 770 万元。其中农业开发项目投入资金 50 万元，开发金银花 400 亩，核桃 300 亩；开展技术培训

4期，培训贫困农民500多人；水利项目第一批投入资金720万元，进入工程施工阶段。

（5）劳动力转移培训扶贫

2004年，国务院扶贫办将湘西确定为全国11个劳动力转移扶贫培训示范基地之一，全州正式启动实施了劳动力转移培训扶贫项目，当年全州扶贫开发部门选送了1000名男女青年免费参加省扶贫办组织的劳动技能培训班；同时专项安排扶贫资金200万元在湘西民族职业技术学院等州直培训学校培训1000名青年学员，通过3—4个月的培训，学员被推荐到北京、上海、天津、浙江、广州、深圳等大中城市上岗就业。

2005年，全州完成劳动力转移技能培训8117人，其中州级培训6183人，县级培训1934人，完成了省分配任务6327人的128%，为2004年培训输出人数的7.965倍；共往经济发达地区培训转移劳动力7303人，占培训总人数的90%。

2006年，全州完成扶贫劳务技能转移培训10894人，完成年任务的109%，大部分培训学员结业后被推荐到北京、上海、深圳等大中城市上岗就业，月工资收入达800—1200元，最高月工资收入达2000多元；初步建立了稳固的劳务输出基地，全州劳务输出实现了有序流动；走访就业安置基地、安置点27个，与100多名在外就业学员进行了面对面的座谈，强化了技能培训跟踪管理。

2007年，全州完成农村劳动力转移培训5225人，为年度任务的105%，培训学员全部被推荐到发达地区和州内二、三产业企业上岗就业，人均月收入达1000元以上，带动了全州近40万外出务工农民的稳定就业；当年6月，州扶贫开发办代表州政府参加了在北京举办的全国扶贫劳务技能培训"雨露计划"成果展，获得了国务院扶贫办颁发的全国扶贫劳务技能培训"雨露计划"成果展"特别奖"。

2008年，全州确定了36所学校为扶贫劳务技能培训学校，其中州级培训学校 6 所，县级培训学校 30 所，当年完成劳动力转移培训 5932 人，全面完成了湖南省下达的培训任务。

2009 年，全州完成劳动力转移职业技能培训 7750 人，完成返乡农民工再培训 25000 人，完成农民实用技术培训 12.85 万人次，全州外出务工农民达到 50 万人以上，全州劳务经济收入 50 亿元以上。

2010 年，全州完成各类扶贫技能培训 6544 人。完成"雨露计划"中专以上学历教育培训 4258 人，其中省级学校培训 238 人，州级学校培训 1775 人，县级学校培训 2245 人；完成扶贫短期培训 1986 人，返乡农工再培训 300 人。培训学员全部被推荐到发达地区和州内二、三产业上岗就业，人均月收入达 1500 元以上。

（6）整村推进

2005 年，国务院扶贫开发办提出新时期"一体两翼"扶贫开发新战略，即以整村推进为主体，产业化扶贫和劳动力转移培训为抓手，坚持一手抓就地扶贫，一手抓易地脱贫。整村推进的内涵主要是坚持以贫困人口集中的贫困村为扶贫开发载体，以村为单位制定和实施扶贫开发规划，一次规划、整村推进。产业化扶贫就是要继续坚持开发式扶贫方针，通过产业化龙头企业带动，努力调整贫困地区农业产业结构，扩大农业产业规模，从而带动农民脱贫致富。劳动力转移培训就是要通过提高贫困劳动者素质，促进贫困地区富余劳动力向非农业方面转移，实现农村劳动力的易地脱贫。2005 年起，州农村扶贫开发工作主要采取整村推进方式进行。

第一轮整村推进（2005—2006 年），省州县三级共有 695 个单位深入 385 个首轮整村推进村开展包村扶贫工作，其中省直单位 15 个、州直单位 121 个、县市直单位 559 个，共抽调机关工作人员 1041 人驻村扶贫，另有 18 名州级领导在 19 个村开展挂点扶贫。共归集财政扶贫资金 8000 多万元，协调部门资金

5000 多万元，单位包村投入近 2000 万元，有效地推动了整村推进扶贫工作的全面启动。

第二轮整村推进（2007—2008 年），全州组织了由 1069 名队员组成的共计 301 个建整扶贫工作队，进驻 301 个贫困村开展扶贫工作，8 个省扶贫村、54 个州扶贫村、239 个县市扶贫村的扶贫工作得到很好落实。坚持从产业开发、基础设施建设、基层组织建设、劳务技能转移培训 4 项重点工作入手，按照"事业、产业、家业"的工作思路，积极推进重点扶贫村的各项工作。据初步统计，全州整合各类扶贫资金 18500 多万元，帮助贫困村组织实施扶贫项目 4000 多个。

第三轮整村推进（2009—2010 年），全州实施第三轮整村推进式扶贫村共 327 个，整合扶贫开发资金 13011 万元，着力在基础设施建设、扶贫产业开发、农民转移技能培训、村级集体经济建设等方面加大项目工作力度，各项工作圆满完成预定计划。

2. 社会扶贫

（1）国家农业部定点扶贫

1986 年秋，国家农业部开始在湘西实行定点对口扶贫，多年来，从政策、资金、技术、人才等多方面把湘西作为对口扶贫的重点地区给予重点支持。历任国家农业部部长先后多次到湘西进行农村调查研究，现场解决对口扶贫工作中的实际困难和问题，先后安排和协调大量扶贫资金，引进和推广多项先进技术，举办多次技术培训班，帮助培训了大量干部队伍和技术人才。

（2）支柱产业扶贫

20 多年来，国家农业部始终把湘西农民的增收问题摆在突出位置，把发展支柱产业作为增加农民收入的重要途径。1987 年，在国家农业部的指导下，州委、州政府提出扶贫工作"一八四"设想，坚持产业扶贫优先的工作思路不动摇，使全州农村支柱产业从无到有，从小到大，从大到强，从强到优。1988年，全州椪柑开发面积仅 6227 亩，猕猴桃、橙柚等基本为空白，到 2010 年，椪柑累计开发面积达到 60 万亩，总产量达 75 万吨，占全国椪柑总面积的 1/4，建成了中国南方最大的椪柑生产基地。2003 年中国农业技术推广协会果树专业委员会授予湘西"中国椪柑之乡"称号。全州猕猴桃开发面积达 10 万亩，产量达 5 万吨，产值近 1 亿元。橙柚开发 20 万亩，梨、桃等时鲜水果开发面积达 10 万亩，优质烤烟种植面积 20 万亩，无公害商品蔬菜生产基地 20 万亩，油菜面积 90 万亩，无公害百合 5 万亩。人工育草面积达 50 万亩，人工种草面积 10 万亩。发展舍饲圈养示范户 1000 户，建立肉羊育肥场 50 个，肉牛育肥场 10 个。山羊饲养量 174.5 万只，出栏 85 万只；生猪饲养量 302 万头，出栏 139 万头；牛饲养量 68.7 万头，出栏 13.6 万头。畜牧水产产值 14.5 亿元。特色优势农业支柱产业基地的形成，对稳定增加湘西州农民收入和地方财政收入发挥了重要作用，这些发展都与农业部的直接扶持密切相关。

（3）基本建设扶贫

国家农业部把关联湘西生产发展、人民生活水平提高的基本农田建设和社会事业建设作为重点扶持。20 多年来共扶持全州农业项目达 227 个，总投资达 2.47 亿元，突出抓了基本农田建设、农村小型基础设施建设、生态环境建设和农业技术支撑体系建设。

农业部还突出扶持了湘西的植物保护体系、农业技术推广与农民培训体系、农产品市场信息体系、农产品质量安全体系、动物疫病防控体系等农业技术支撑体系的建设。建成各类农产品交易市场 215 个，农技推广机构 301 个，农产品质量检验检测机构 10 个，使科技对农业农村经济贡献率由 1985 年的 20% 左右提高到 40% 以上。

（4）生态工程扶贫

2000 年，国家农业部指导湘西大规模实施"退耕还林"和天然林保护工程。据初步统计，近 20 年来，全州完成各类造林 500 多万亩，退耕还林 378 万亩，封山育林 1200 多万亩，新建两省节柴灶 22 万个，沼气池 17 万多口，森林覆盖率由 1985 年的 48.7% 上升到 66.8%，森林蓄积量由 1985 年的 1435 万立方米增加到 2886 万立方米。生态条件的改善，为全州农村经济实现可持续发展提供了良好条件。

（5）科技培训扶贫

在实施科技扶贫中，国家农业部紧紧抓住推广优良品种、推广先进适用技术和提高群众科技文化素质这三个重点。狠抓了水稻、玉米、马铃薯、猪、牛、羊、椪柑、茶叶等优良品种的推广。重点推广了水稻"双两大"栽培、水稻旱育秧、水稻抛秧、玉米地膜覆盖栽培、旱土分厢间作套种多熟制栽培、油菜优势高产综合配套技术、测土配方施肥技术、病虫草鼠综合防治技术、生猪品种改良技术、秸秆氨化养牛技术、稻田养鱼技术、庭院生态养殖模式等实用技术。

（6）中石化集团定点扶贫

2002 年，中石化集团带着党中央、国务院对湘西人民的深情厚谊定点扶贫凤凰、泸溪两县。一个山区，一个库区，两县的共同点是"贫困"，都是国家级扶贫工作重点县。

从 2002 年起 9 年多的光阴，中石化在凤凰县的总投入达到 2340 多万元，其中投入基础设施、扶贫建校、扶贫建房资金为 1766 万元；科技培训资金 164 万元；扶贫助学资金 120 万元；建设脱贫产业投入资金 290 万元。扶贫项目遍及凤凰县的 31 个乡镇、160 个行政村，直接受益群众达 3 万多户，11 万多人。

泸溪县哪里有困难，哪里就有石化人。他们还先后在泸溪县吃水最困难的 6 个村投入 150 多万元，建设饮水工程。举办种养培训班 40 期，培训群众 2.3 万人次。此外，中石化集团还帮助泸溪县扶持教育、做大做强椪柑产业和发展种草养畜业，并为此投入大量资金。

（7）广州军区包村扶贫

1998—2000 年，广州军区司令部按照"联系一个县、带动一个乡、重点扶持一个村、两个文明一起抓"的工作思路，在湘西凤凰县木里乡柳甲村打了一场艰苦卓绝的扶贫攻坚战。为村民修建了一条 4.5 公里的通村公路，汽车开到了家门口；建起了一套灌溉 800 多亩稻田的排灌工程，村里的旱田变水田，家家户户喝上了自来水；建起了一所"八一希望小学"，孩子们上课时再也不用担惊受怕；建了一个村部、民兵营部，从此村民们有了开会、培训、学科技的场所；建了一个卫星电视地面接收站，拉近了山里与外面的距离。"五个一工程"建在村民的心坎里，建在脱贫的道路上，让村民们看到了脱贫希望。"三个产业"建设见成效，即水果业、养殖业、加工运输业。先后组织 4000 余人次，参加县科技局、农业局、畜牧局等部门的科技培训。组织 260 多人次出村出县考察，派 11 人到广州军区学习汽车驾驶和烹调技术，增长了见识，培养了一批骨干。军区司令部从 1998 年开始，发动团以上干部 262 名，每人资助 1—2 名失学儿童，每年拿出 11.42 万元，分担学生的学杂费，让 273 名失学儿童重返校园。同时，还为学生们寄来了 6000 册学习书籍和一批学习用品。

（8）省辖六市扶贫

1994 年，湖南省出台了湘发〔1994〕17 号文件，做出了省内 6 市对口扶贫湘西 6 个贫困县的决定：长沙对龙山、湘潭对永顺、岳阳对保靖、衡阳对花垣、常德对古丈、株洲对泸溪。1994—2010 年，6 市共计投入资金近 2.8 亿元，建设 200 多个项目。每年，6 市的市委、市政府都有领导带队到对口扶贫县考察、投资、派员挂职。

（9）省州县直机关派人驻村扶贫

2001—2010 年，省、州、县继续在湘西的 700 个特困村开展建整扶贫工作，包括省直单位在内，共有 7000 人次被派到特困村开展驻村扶贫工作。有 7000 多名州直副处级、县市副科级以上任实职干部，与特困户结成帮扶对子，实行"一帮一"结对扶贫。其间共投入各类扶贫资金超过 4.7 亿元人民币。

（10）香港郭氏基金扶贫

2007 年 7 月，香港嘉里集团郭氏基金会在保靖县成立帮扶基地。该基金会作为一家非营利性慈善组织，崇尚"敬天爱人"的使命，实践"脱贫困、奔小康、创和谐"的宗旨，秉承"以人改变人"的理念，坚持"以人为本、可持续价值、治本与治标并重、资源整合、授人以渔、可以复制、城乡结合"的指导原则，通过基地 4 年多的努力，由原来 1 个试点村（扁朝村），发展到现在 4 个试点村（扁朝村、山河村、龙家村、垅木洞村），投入资金数千万元，实施项目 241 个，在每个试点村连续开展 10—15 年的帮扶工作。内容涉及医疗卫生、促进教育发展、培育支柱产业和完善基础设施等，基本解决了当地村民行路难、上学难、看病难、运输难等问题，加快了脱贫步伐。通过 4 年多的帮扶，使基地试点村的面貌和群众思想发生了深刻的变化，不仅改变了自己，而且还影响、带动和改变了周边村民，创新了扶贫模式。

（五）湘西扶贫历史阶段

1. 第一阶段

第一阶段是 1988 年以前，当时湘西专项扶贫开发工作刚刚起步，州县两级扶贫开发机构尚未完全成立。这一阶段主要是体制改革推动扶贫阶段，全州通过开展以家庭联产承包责任制为中心的农村经济体制改革，依靠改革焕发出蕴藏在农村中的生产力，以大幅度提高农产品收购价格和改善农业交易条件为手段，让普遍的制度变迁增加了农民收入，减轻了贫困状况。

同时在全州范围内借助以工代赈、两棉赊销、税收减免、扶贫建房、扶贫建校等优惠政策，解决了 115.64 万人缺衣少被的问题、1 万多户无房户的住房困难、26 万人及 24 万头大牲畜的安全饮水需求、36 万学生及 3000 多名教师的教学住房困难以及其他一些人民生产生活中急需解决的难题。

2. 第二阶段

第二阶段是从 1989 年起至 1993 年年底止，这一阶段主要是自上而下成立了专门扶贫机构后，重点开展了有组织、有重点的专项扶贫，扶贫工作实施主体主要是各级扶贫开发办，又称区域性产业开发扶贫阶段。这一阶段国家扶贫政策瞄准的对象主要是贫困片区，湘西的永顺、保靖、花垣进入国家重点扶持贫困县，其余 5 县（市）是省定贫困县（市）。

全州上下逐渐统一了"过去失误在山，现在优势在山"的认识，州扶贫开发办结合当时实际制定了抓好一个基础（粮食），实行八个系列开发（林果业、烟草、茶叶、苎麻、中药材、草食动物、矿产品、旅游及旅游工艺品），搞好四项基本建设（农业基础设施、交通能源、科技教育、服务体系）的"一八四"开发设想，前后发出了《大力发展庭院经济和农业企业》和《关于五年消灭荒山，十年绿化全州》等决定，在抓紧粮食生产的同时，集中人力和资金，突出抓了林、果、药、茶、烟、草食禽畜系列开发和特困区开发，把解决温饱和发展商品经济，发展农业和发展乡镇企业，富民和富县结合了起来，实现了由民政一家扶向各级各部门全社会抓扶贫的转变；由救济"输血型"向开发"造血型"的转变；由资金单项输入向资金、物资、技术同步配套输入的转变；由单纯原料基地开发向加工系列开发的转变；由零星分散开发向区域性规模开发的转变；由全面扶持向特困区倾斜扶持的转变，使全州经济发展发生了深刻的变化，出现了良好的转机。

1993 年全州国民生产总值达到 29.4 亿元，同 1984 年比较，平均年递增 6.7%，农民人均纯收入由 279 元增加到 581 元。通过 9 年扶贫，全州解决了 41 万人的饮水困难、18 万人的照明用电和 1 万户 4.5 万人的住房困难问题；农村没有解决温饱的贫困人口已由 156.9 万人下降到 60 万人，使长期困扰全州农村的贫困问题得到明显缓解。

3. 第三阶段

第三阶段从 1994 年起至 2000 年止，其标志是 1994 年中共中央、国务院下达的"八七扶贫攻坚计划"，俗称八七扶贫攻坚阶段。"八七扶贫攻坚计划"首次明确指出我国扶贫开发实行以省为主的分级负责体制。1999 年，《中共中央国务院关于进一步加强扶贫开发工作的决定》进一步明确规定了"四个到省"，即任务到省、责任到省、资金到省、权力到省，并提出了"省负总责，县市抓落实，工作到村，扶持到户"的原则。这一阶段国家扶贫政策瞄准的对象从贫困片区逐渐调整到贫困县市，扶贫到村，扶持到户。湘西的永顺、保靖、花垣为国家重点扶持贫困县，其余 5 县（市）是省定贫困县（市），这一阶段扶贫工作实施主体主要是各级扶贫开发办。

1994 年 9 月，湖南省委、省政府出台了《关于支持湘西土家族苗族自治州实施"八七扶贫攻坚计划"的意见》（湘发〔1994〕17 号），决定把湘西土家族苗族自治州作为全省扶贫攻坚的主战场，举全省之力帮助湘西打好扶贫攻坚战。按照"全党动员，全民参与，合力攻坚"的要求，湘西州委、州政府制订了《湘西州八七扶贫攻坚计划》《将山地开发适时转向规模开发的意见》《关于加速山地开发建设支柱产业的决定》《果药茶桑畜规模开发实施办法》《70 个特贫乡镇扶贫攻坚计划实施意见》《州直机关定点扶贫规划工作规划》等系列文件。每年组织近 1000 个单位，近 1 万名任实职的干部，进驻贫困村，实行

"单位包村，干部挂户"结对扶贫，点上不脱贫，单位不脱钩。

此后，在扶贫开发工作的内容和方式上，湘西逐步实现了从抓常规农业向建设支柱产业的转变，从道义性扶贫向规范化制度化扶贫的转变，从扶持贫困地区向扶持贫困村、贫困户的转变，从"政府包揽、扶贫办单线扶贫"向"全社会合力扶贫"的方式转变。到 2000 年年底，全州国内生产总值 40.81 亿元，其中农业总产值 20.05 亿元，全州果、药、茶开发面积达到 158 万亩，农村人均 0.6 亩，当年实现椪柑、烤烟、山羊三大支柱产业总收入 4.5 亿元以上，全州农民人均增收 208 元；农村生产生活条件有了明显改善，85% 的村通公路，99% 的村通电，74% 的村通电话，99% 的村通广播电视，累计解决了 52 万人、31 万头大牲畜的饮水困难；2000 年全州农民人均纯收入 1277 元，比 1994 年的 678 元增加 599 元；原生性贫困人口由 1994 年的 60 万人减少到 23 万人。

4. 第四阶段

第四阶段从 2001 年开始，这一阶段是实施首个国家扶贫开发纲要（2001—2010 年）阶段，扶贫主体由原本单一的专门机构扶贫开发办逐渐转变为各主要涉农部门，形成了扶贫开发机构专项扶贫、主要涉农行业的部门扶贫和其他各界的社会扶贫等多方共同出力的局面，呈现出多元性特点。这个转变有利于在新的扶贫开发阶段统一目标，合力攻坚，公共需求归职能部门管，个性需求由扶贫机构负责，形成"各炒一盘菜，共做一桌席"的大扶贫格局。这一阶段国家扶贫政策瞄准的对象从贫困县市逐渐调整到贫困村，乃至直接进入贫困农户家庭，湘西的永顺、保靖、花垣、泸溪、凤凰、古丈、龙山被列为国家重点扶持贫困县，吉首市为省定贫困市。

2001 年 12 月 11 日，中国正式加入世界贸易组织（WTO），随着国际经济全球化，农产品交易逐渐由卖方市场向买方市场转化，部分产品开始出现卖难现象，州委、州政府围绕"大扶贫"战略提出了"新世纪扶贫开发分三个层次全面推进"的新阶段扶贫开发工作思路，州扶贫开发办在扶贫理念上不断创新，将整村推进与社会发展和进步挂钩，将产业开发与可持续发展挂钩，将基础设施建设与民生条件的改善挂钩，将农民技能培训与提高人口素质、增强贫困农民自我发展能力挂钩，在扶贫项目安排和具体实施过程中不断转变观念，改变工作方法，决定扶贫投入取向。

通过狠抓以产业市场开拓为重点的稳收增收工程、以提高产业培育管理科技含量为重点的质量效益工程、以新品种选育和劣质品种改育为重点的科技先导工程、以产业链组装配套为重点的基础设施工程，全州农村支柱产业建设初步实现了由政府行为向突出市场行为的转变、由抓生产向突出抓流通的转变、由抓民品向突出抓名品的转变、由抓扩面向突出抓培管的转变、由抓产量向突出抓质量的转变。产业开发呈现出四个特点：一是重点向中高海拔贫困地区转移，以凤凰腊尔山，保靖吕洞山，龙山永顺的永龙界、羊峰山、八面山等中高海拔地区及 100 个产业空白村为主要区域的中高海拔地区产业开发面积增长较快；二是产业逐步趋向高效化、市场化；三是贫困农民的产业开发热情逐步升温，农民自身投入比重不断增加；四是狠抓扶贫龙头企业的培植，不断增强扶贫龙头企业对贫困农民脱贫致富的带动功能。

（六）相关扶贫成效

到 2010 年年底，湘西扶贫开发工作取得了巨大成就，贫困人口由 1985 年的 156 万人下降到 2010 年的 87.6 万人（贫困标准由 150 元提高到 1196 元）；农民人均纯收入由 1985 年的 325元增加到 2010 年的 3173 元；农村贫困发生率由 1985 年的 84%

下降至 2010 年的 31.7%；实现了 96.2% 的行政村通公路，100% 的行政村通电、通电话、能接收广播电视；全州经济实力不断提升，发展速度明显加快，2010 年全州财政总收入达到 32.2 亿元，比 2009 年增长 18.4%，提前 3 年完成"十一五"规划目标；产业建设成效显著，工业主导地位不断加强，初步形成了以锰锌为主的矿产品加工业、以白酒为主的食品加工业、以中药材为主的生物制药业等优势产业，一批优势企业不断发展壮大，年销售收入过亿元的企业达 59 家；农业基础地位不断巩固；基础设施建设突飞猛进，交通建设取得重大突破，在"十一五"的 5 年里累计完成投资 150 亿元，是"十五"的 3.8 倍；2010 年常吉高速公路建成通车，吉茶、吉怀、张花、凤大高速公路建设加速推进，龙永、永吉高速公路开工，骨干道路建设、县乡公路改造、村间道路硬化、农村客运站建设加快实施，建成农村通达通畅工程 4000 多公里；大力实施生态州战略，森林覆盖率达 66.8%，退耕还林成果得到巩固提升，生态环境明显改善。①

（七）问题及不足

随着国家工业化、城镇化、市场化、国际化进程的加快，农村经济结构、社会结构和扶贫方式与内涵发生了深刻变化。农民思想观念、就业渠道、生活方式特别是贫困农民的脱贫观念、脱贫信心和各级组织的扶贫理念都发生了新的转变，农民增收难仍然是湘西农业和农村扶贫工作的突出矛盾。

一是贫困面仍然很大，贫困程度仍然很深。特别是国家贫困标准提高后，需要扶贫和救助的贫困群体更多，按照国家新的扶贫标准，2010 年年底，湘西尚有人均纯收入低于 1196 元的

---

① 湘西州扶贫办档案资料。

贫困人口87.6万人，占全州农村人口的42%。这些贫困人口大多数居住在边远高寒山区、岩溶干旱区、水库淹没区，自然条件差，土地资源少，基础设施落后，社会发展程度低，脱贫难度极大。

二是经济发展水平低下。全州GDP总量仅占全省的2%；财政收入不到全省的2%；农民人均纯收入只占全省平均水平的56.4%，在全国30个少数民族自治州中，湘西同样处于较落后的位置。

三是再生性贫困问题突出。由于自然因素造成的再生性贫困表现十分突出，往往是大灾大返贫，小灾小返贫，据有关部门统计，仅2010年，全州8县市、164个乡镇的260万人不同程度受灾，因灾害死亡21人，倒塌房屋5973间，损坏房屋1.3万间，农作物受灾面积226万亩，全州因灾直接经济损失50多亿元。

四是相对贫困矛盾凸显。1990年全州农民人均纯收入457元，只比全国少211元，比湖南省少189元；1999年全州农民人均纯收入差距拉大到比全国少997元，比湖南省少900元；2010年，全州农民人均纯收入3173元，已经比全国少了2746元，仅占全国农民人均纯收入的53.6%，比湖南省少了2449元，仅占全省农民人均纯收入的56.4%。武陵山区6地市州中，2000年前湘西一直处于龙头地位，2010年湘西农村年人均纯收入已经比邻近的重庆黔江地区低1244元。可见湘西与发达地区、周边地区经济发展水平的差距在进一步拉大，相对贫困仍在进一步扩大之中。这也为湘西的精准扶贫和脱贫攻坚埋下了伏笔。

三　湘西精准扶贫典型案例（上）

精准扶贫贵在精准施策。2013 年之后，众多因地制宜、精准发力的扶贫举措不断在湘西的土地上生根发芽，结下丰硕的果实，湘西贫困群众的生活至此有了翻天覆地、前所未有的变化。勤劳勇敢的湘西人民怀着比以往任何时期都更加饱满的热情，怀着对富裕美满幸福新生活的向往，在湘西各级党组织、各级政府的带领之下各显神通、各展所长、不懈奋斗，逐步让贫穷落后成为历史。

（一）产业扶贫

1. 做好产业规划

湘西实行重点产业重点布局，同时州属各县市对自身产业发展也有着清晰规划。全州着力让本土优势产业朝系统化、规模化方向发展，让一方水土能养一方人，留住一方人。集中力量巩固与扩大产业扶贫成果，为打赢脱贫攻坚战提供着不竭动力。

以泸溪县为例，该县大力推进"椪柑、铁骨猪、辣椒、油茶、生姜、佤乡米、豆腐、葡萄"为主的"八大品牌""八大基地"建设。以"八大产业"和其他有市场前景的特色产业为基础，让全县有贫困人口的行政村和社区根据实际情况进行发展产业选择，使扶贫产业成为脱贫攻坚的主心骨。

2017 年，泸溪县合水镇 1100 名贫困群众通过在家门口的油茶基地务工稳定增收，脱贫摘帽。2018 年，荣获湖南省"百名最美扶贫人物"的罩子坪村村民陈国富领导该镇国富油茶专业合作社①创收 900 万元，帮助 919 户贫困户，1721 名贫困群众增收脱贫。

2. 着落山上满"着落"

在湘西吉首市着落村的大山上，吉首市亿利德中药材种植专业合作社在那里流转了 3000 多亩土地，分层次、规模化地种植了金银花、黄檗、杜仲、玫瑰等药用作物。这家合作社的理事长名叫张少昌，是当地商界的名人。

2015 年，经过多方面选择对比，吉首市政府选择以张少昌的合作社为年度重点产业扶贫项目实施主体，项目总投资 2998.53 万元，其中省财政扶贫专项资金 451 万元，主要用于中药材基地开垦、苗木的购买和种植、园地培管等。该项目属于重点项目委托帮扶，直接带动吉首市马颈坳镇汩比村、桥六村、上坪村和丹青镇彰武村 4 个村，397 户，1691 名建档立卡贫困户脱贫增收，人均年分红 1000 元。

由于是一次性拨付 451 万元的项目，吉首市扶贫办干部们不敢有丝毫怠慢，在实施前他们用双脚丈量了张少昌产业园的每一寸土地，确保产业真实，效益可估。这个产业园面积足够大、种类足够多，使张少昌这个富有雄心壮志的年轻人，得以充分运用循环农业的思路，致力于让每一寸土地物尽其用，迸发出它孕育生命的原始本能。

对于未来的发展前景，张少昌表示，合作社现在每年能创造 500 万元效益，承诺带动村民脱贫增收的目标不会有任何问

---

① 合作社是劳动群众自愿联合起来进行合作生产、合作经营所建立的一种合作组织形式。在中国农村，各种产业广泛建立起合作社。

题。他还表示，自己将努力奋斗把药材产业真正做成村民们的致富产业。

3. 玲珑做茶有人家

吉首市以种植"湘西黄金茶"闻名，其中玲珑村的茶园成小片分布，多种在高山上，很有特点。玲珑是纯苗区，现有茶园3500亩，可采面积2800亩，丹望合作社成立前，玲珑人种茶仅靠单一卖鲜叶挣钱。

合作社的负责人叫洪丹，20多岁模样，能言善辩。她和父亲两人一起工作，父亲负责育苗卖苗，她负责茶叶加工和市场营销，下面还有两个年龄更小的妹妹也来帮忙。洪丹说，玲珑这个地方茶叶发展输在区位劣势，但她不服输。玲珑茶叶质量与最出名的隘口村相比并无差异，她们的"山上茶"甚至还要更好，一家人致力于把产业发展起来，把周围村民都带动起来。

洪丹和妹妹们勤奋努力，一有时间就研习茶艺。为打开市场，洪丹每年要奔赴全国各地参加七八次茶叶展会去推销黄金茶。一来二去，她成为远近闻名的种茶名人。

丹望合作社成立后，直接带动玲珑组127户建档立卡贫困户①增收，其中16户通过入股方式每年得到合作社分红。虽然丹望合作社的发展规模还不够大，父女两人分工协作才得以创收，但洪丹对未来满怀信心。

当地不无感慨地说，搞扶贫，需要把群众团结起来拧成绳，需要找到如洪丹一样年轻有闯劲的带头人。

---

① 建档立卡贫困户是中国各省（自治区、直辖市）在已有工作基础上，坚持扶贫开发和农村最低生活保障制度有效衔接，按照县为单位、规模控制、分级负责、精准识别、动态管理的原则，对每个贫困户建档立卡，建设全国扶贫信息网络系统。

4."千亿湘茶"来对接

为了对接湖南省"千亿湘茶"战略，并将茶叶作为富民强州的重点产业，湘西州明确提出"打造百亿茶产业，增添湘西新名片"目标。根据现有产业基础、优势条件和发展潜力，以名优绿茶和红茶为重点，优化茶业布局，将古丈、保靖、吉首、永顺四县市打造成茶叶产业核心区，将凤凰、花垣、龙山三县打造成茶叶产业扩展区。

当地"最美茶农"河溪镇茶产业带头人张晓梅表示："好产业更需要扩大规模，有竞争力的茶产业集中发展、做大做强，才能帮助更多群众。"受益于吉首市打造马颈坳镇苗疆茶谷、矮寨—寨阳幸福茶谷、河溪镇三溪茶谷等十大黄金茶谷产业规划，茶产业发展沿峡谷向河流两旁和沿河纵深宜茶地域延伸布局，张晓梅担任理事长的丰裕隆茶产业合作社每年旺季可吸纳务工人员达670人，开展的一村一品项目入股分红让7个村，484户，1691人得到实惠。

为了推进茶产业全面发展，保靖县扶持带动能力强的新型农业经营主体，覆盖全县种茶的32个贫困村。该县葫芦镇大岩村现英茶叶专业合作社，与村里94户建档立卡贫困户建立了稳固利益联结机制，流转建档立卡贫困户21户，土地105亩。2018年吸纳贫困劳动力务工超过1000人次，每年支付贫困户土地流转费3.8万元，每年支付贫困劳动力工资10万元以上。

（二）旅游扶贫

1. 打造湘西美名片

大自然给湘西的馈赠，不仅有绿色特产，还有独具魅力的秀美风光。湘西拥有国家级历史文化名城凤凰古城、世界文化遗产老司城等151个国字号生态文化旅游品牌，拥有26项国家级非物质文化遗产，并荣膺"中国十佳魅力城市"和"最佳旅游去处"。立足这一显著的资源优势，大力发展"一业兴、百兴旺"的生态文化旅游业，成为湘西州脱贫攻坚的又一重要抓手。

湘西以推进国家全域旅游示范区创建为载体，把州域1.55万平方公里作为一个全域生态、全域文化、全域旅游、全域康健的大公园来整体规划、建设和管理，构建全州1小时生态文化旅游经济圈，力争使湘西成为国内外知名的生态文化公园和旅游目的地。

山水美景，文化魅力，神秘湘西成为一张享誉世界的靓丽名片，海内外游客纷至沓来，也带来源源不断的致富门路与希望。2012—2018年，全州游客接待量翻了四番，旅游收入增长近6倍，分别从1256万人次增长至5138.72万人次，64亿元增至440.95亿元。全州旅游直接从业人员达6万多人，间接从业人员30多万人，带动了9.4万群众实现脱贫。

2. 绿道边村蕴宝藏

邻近峒河绿道的曙光村里，出了一位名叫杨仕军的"能干人"。他早年做二手车生意便积累了一笔财富。2012年他抓住机遇成立蓝飞生态旅游公司，利用家乡青山绿水，按照美丽乡村规划，逐步完善观光农业体验园，打造乡村旅游品牌。沿着绿道方向，蓝飞公司目前已建成特色餐饮文化园10亩、农活体验园50亩、观光采摘园100亩，年净利润达到200万元。杨仕军把自己的成功归功于"地利"，他说："作为曙光村人，我是幸运的，特别是政府推进绿道建设以来，城市市民都到这儿休闲健身，相关产业自然红火了起来。"

青山如黛，花草如茵，紧依峒河与绿道，拥有丰富自然旅游资源的曙光村同样得到吉首市的高度重视。2016年，在详细考察之后，经过市扶贫办、曙光村委会和贫困户的集体讨论和综合评议，决定将155万元旅游扶贫项目资金入股杨仕军蓝飞公司，采取股份帮扶模式带动当地建档立卡贫困户增收脱贫。这个项目惠及曙光村贫困户 31 户，114 人，两年来实现贫困户每年分红 25.6 万元，年人均增收 1123 元。

蓝飞公司利用贷款打造亲子游项目和湘西黄金茶营销，进一步扩大旅游产业链。在公司常年培管用工 73 人中，包括曙光村建档立卡贫困户 15 人，年人均工作日 75 天，年人均增收 9000 元。

绿水青山蕴宝藏，杨仕军的个人成功也鼓舞了当地村民投入到旅游相关产业中来。近些年，随着峒河国家湿地公园与绿道的名气不断增大，来这里游玩的人越来越多。"农家乐"与"乡村民宿游"成为拉动经济、带动就业的主要方式，积极助推了精准扶贫工作。

3. "幸福人家"今与昔

村民杨超文经营的农家乐名叫"幸福人家"，这是原花垣县委驻村扶贫工作队队长龙秀林给取的。当时杨超文表示："这名起得好，比我原来想的都好！"在经营农家乐之前，人到中年的杨超文在全国各地打过工，还养过鸡，卖过菜，开过车，赶过转转场，尝试过不少生意和经历。

虽说如今，杨超文安心守着一家团圆，在家乡开办农家乐。家人团聚，收入可观，他觉得很符合"幸福人家"这名。但在当初，他办的农家乐并不是一帆风顺，也是经历过挫折和失败，到后来才成功的。

习近平总书记到访村里的当天，远在浙江打工的杨超文就接到了叔叔杨东仕的电话。他激动得一晚没睡，他想回家。但同村一起出来打工的妻子在家穷怕了，对此坚决不同意。最后，由于惦记着家中老人，同时也挂念着两个孩子，杨超文一个人回家了，并且开办了农家乐。

第一次，农家乐只开办十多天就宣告倒闭。"那是 2014 年夏天，游客还不多，客源不稳，菜都放烂了。"无奈的杨超文，只好又外出打工。

第二次是在 2016 年春天，杨超文把新取名"幸福人家"的农家乐又开起来了。开张的第一天就接待了 40 多位客人，此后光临的游客越来越多，生意越来越好。

那几年，就因为杨超文的"一意孤行"，妻子一直跟他赌着气，两人甚至到了要离婚的地步。谁能想到，那会儿不少村民正在纷纷忙"脱单"，而他却差点"脱了双"。生意好起来后，他就不时把客满的照片和视频发给妻子。坚持发了半年，妻子终于被打动，从外地回来了。

在扶贫工作队的帮助下，杨超文争取到 5 万元贴息扶贫贷款。添置了消毒柜、冰箱、冰柜和一辆三轮摩托车，再加上妻子回家帮忙，杨超文和他的"幸福人家"终于步入了发展正轨。

前半生颠沛流离，杨超文格外珍惜如今在家乡的幸福。他说这是"归属感"，是在外打工创业这么多年最缺乏和渴望的"归属感"。"这几年，一家团圆，才真正是有笑容、有幸福的生活。"杨超文说："当然，还有信心。家乡的青山绿水是财富，党的政策关怀是机遇。只要勤奋努力，生活肯定会越来越好！"①

（三）乡村振兴

不等靠要，自力更生，在企业、村集体、致富能人等带动下，通过股份制激活发展产业，成为广大百姓脱贫致富的有力"引擎"。村民也因此个个当上了股东。

1. 致富路子更宽了

一位名叫周元付的商人，在湘西泸溪县浦市镇开了 4 家品

---

① 彭宁：《十八洞这五年：变与不变》，《团结报》2018 年 10 月 28 日第 2 版。

牌牛奶店，又经营客运车，算得上浦市镇马王溪村的"大老板"。

2017年，"大老板"周元付却做了一件让大家意想不到的事情——以零薪酬担任马王溪村泸溪七彩生态旅游公司总经理。

泸溪七彩生态旅游公司是一家怎样的公司？精明的"大老板"为何愿意零薪酬来做这家企业的领头羊？

马王溪村被誉为"湘西第一村"。近年来，村里依托全州唯一上市公司酒鬼酒公司的对口帮扶，盘活、做大马王溪鑫隆陶瓷厂，村里发生了翻天覆地的变化。老百姓口袋里有钱了，想法就多了，致富的路子就更宽了。

2017年，在充分调研的基础上，马王溪村决定在村里发展旅游业。发展旅游要经费，从哪里来？靠国家？

"全村商议，我们自己凑钱，搞股份制。"村党总支书记石泽林说，马王溪村得到了党和政府那么多关怀，现在轮到我们自己出钱出力干事业了。

周元付说，他之所以零薪酬来当这个总经理，就是要和大伙一起当"老板"，带领大家一起往脱贫致富的路上奔。2018年3月，公司注册成立后，短短1年时间，泸溪七彩生态旅游公司建起了大型餐饮店、农业科普园、陶瓷体验园、6栋民宿四大项目。

据石泽林介绍，目前，马王溪村全村66户村民入股旅游公司，绝大部分建档立卡贫困户成为公司股东，入股10万元以上的都有30多户。他说："要让全村人都入股进来，人人当老板。两年后，我们马王溪村一定会迎来又一次巨变。"①

2. 入股分红收入多

湘西古丈县默戎镇牛角山村是一个集"老、少、边、穷"

---

① 欧阳文章：《创新模式　激活产业发展机制》，《团结报》2019年3月19日第1版。

于一体的纯苗族聚居村。这里山高路陡，自然条件极为恶劣，村里"十男九光棍"，一直是个特贫村。

2008年，村党总支书记龙献文经过仔细考察后，决定带领村民种植茶叶。可那时村民的思想跟不上，没人愿意种。"茶叶能当饭吃？"村民质疑道。龙献文不得不先发动党员干部，带头成立了茶叶种植合作社，还给钱、给苗帮助贫困户种上茶苗。尽管这样，有的村民还是不乐意，甚至把已经种下去的苗给扯掉。空洞说教无用，直到首批种植户尝到了甜头，其他村民才开始跟着种，从"不愿种"变成了"我要种"。

2014年，精准扶贫的号角吹响，牛角山村迎来了新的脱贫机遇。该村按照"党建引领＋公司＋专业合作社＋科研院校＋基地＋农户＋贫困户"的发展模式，村民以土地、茶园、劳动力、资金等形式入股，获得包括土地流转租金、务工、订单茶叶、合作社分红等多项收入。

2016年12月，牛角山村实现整村脱贫。

2017年，牛角山村人均年收入达到13618元，被列入全国小康建设示范村。

（四）搬迁扶贫

曾几何时，湘西不少村寨因为自身自然条件较差，穷山恶水、资源匮乏、交通不便，造成了"一方水土养不活一方人"。所以，开展易地扶贫，将生活在缺乏生存条件地区的贫困人口搬迁安置到其他地区，通过改善安置区的生产生活条件、调整经济结构和拓展增收渠道，帮助搬迁人口逐步脱贫致富，有力有效地解决了这个问题。

2017年吉首市专门就搬迁后扶工作出台《关于切实做好我市易地扶贫搬迁后续扶持工作的实施意见》，成立了专门的后扶工作班子，从"培养劳动技能，创造就业条件""落实扶贫政策，提高保障能力""综合政策利用，扩宽增收渠道""创新思路，完善公共服务"四个方面对搬迁户进行精准后扶。

2018年秋季，按照市政府统一安排，146户搬迁户的165名适龄学生开启绿色通道，进入离安置点就近的中小学、幼儿园上学。当前，随着后续各项服务工作跟进，全市15个安置点分别成立了党支部、物业中心、图书室、健身场所、惠民超市、医疗卫生室等服务机构，为搬迁户提供优质的社会服务。

1. 搬出一片新天地

湘西州龙山县辖21个乡镇（街道），总面积3131平方公里，总人口61万人。2016年以来，该县把易地扶贫搬迁作为脱贫攻坚的"当头炮"，坚持做到"搬得出，稳得住，能致富"。

搬得出：精准识别对象　不落一户不落一人

龙山深处，巍巍武陵山腹地，"扼荆楚而挽巴蜀"，多年来受交通落后、经济发展缓慢等因素制约，贫困仍是居住在大山之中土家、苗、汉等族群众心中解不开的结。

相当一部分建档立卡贫困户生活在"一方水土养不起一方人"的区域，只有通过易地扶贫搬迁才能如期脱贫。

易地扶贫搬迁基础在精准识别。龙山县严格按照"应搬迁的对象不落下一人，不应搬迁的对象不错搬一户"的原则，经过认真调查研究，出台了《龙山县建档立卡贫困户易地搬迁对象确认工作实施方案》（龙政办发〔2016〕5号）文件，将居住在深山、石山、高寒、荒漠化、地方病多发、无水源、生产资料缺乏等生存环境差、不具备基本发展条件，以及生态环境脆弱、限制或禁止开发地区的建档立卡贫困户确定为搬迁对象。其中，水、电、路"三不通"或"两不通"自然村（寨、村民小组），泥石流、滑坡等地质灾害频发和地质灾害威胁区域，予以优先实施。最终，龙山县确定了易地扶贫搬迁基本单元869个。其中，扶贫搬迁单元698个，避灾搬迁单元160个，生态搬迁单元 11 个。

搬迁范围确定后，由乡镇（街道）负责，登记上报搬迁范围内户数及人口情况，县扶贫开发办会同乡镇（街道），对照上报的拟搬迁建档立卡贫困户花名册，组织工商、房管、交警等部门进行信息比对，将已明确为搬迁区域内符合条件的建档立卡贫困户，全部纳入易地扶贫搬迁范畴，按照农户自愿的原则，逐户识别和确认。再通过七道程序严格认定，保证对象的精准性、准确性。该县实施易地扶贫搬迁以来，未出现大批量清退或新增现象，搬迁总任务数基本稳定，一直维持在 1.21 万—1.23 万人。

稳得住：完善配套设施　住得舒心住得放心

夕阳西下，秋风送爽。龙山县靛房镇燎原集中安置区的居民们，在劳作一天之余，纷纷悠闲自得地来到小区广场散步跳舞，与邻居话着家常。

放眼望去，一幢幢青瓦白墙的安置房屋整齐划一，小区内硬化的道路四通八达，宛转延伸至家家户户门口，安置房屋室内干净明亮，具有现代气息的卫生间即走即冲，不会散发出一丝丝异味……这是龙山县靛房镇燎原集中安置区的现状。

住在靛房镇燎原集中安置区的搬迁户田复跃现在每天脸上都堆满了久违的笑容，从以前交通不便的村落搬到了现在的安置区，从此告别了赶场买卖东西需要走几个小时的日子。

想起以前的日子，田复跃几多感慨："我们以前住的地方，就是很偏僻的地方，水电都不方便，信息也很闭塞，赶场一般要走一二十里山路，有时候时间来不及，就要在路上过夜。现在好了，家门口学校、超市、扶贫车间都有了，多亏了党的好政策。"

不仅如此，龙山县还按照"五通、五化"的标准，完善了所有安置区的配套设施。截至 2020 年年初，已建成完善 26 个集中安置区污水处理设施项目、2018 年新建的 11 个集中安置区小区绿化项目和 626 盏太阳能路灯，以及 318 个网格服务摄像头等，均已投入使用。

为有效提升小区居住环境，让搬迁户生活得更加舒心、放心，龙山县围绕"七有一落实"要求建设幸福小区。2020 年年初，配备了 26 名网格员，负责安置区网格化工作；各安置区均已根据地域文化更新了小区名称；成立了小区业主委员会，组建了物业管理机构，实行小区自治管理，实现了物业管理全覆盖。同时，按程序已组建集中安置区基层党小组，发挥党组织引领脱贫的桥头堡作用。形成了由党支部领导、业主委员会管理、楼栋长分片负责、搬迁群众参与的管理格局，增强了搬迁群众社区归属感和身份认同感。

据了解，该县 2016 年实施易地扶贫搬迁 4186 人，2017 年实施搬迁 4804 人，2018 年实施搬迁 3282 人。截至 2020 年年初，全县已完成搬迁安置 3001 户，12272 人，任务完成率 100%，全面完成搬迁任务。

能致富：挪穷窝断穷根　动手创造新生活

易地扶贫搬迁，搬迁只是手段，脱贫才是目的。

富强小区是龙山县洛塔乡 2016 年易地扶贫搬迁安置项目。该小区搬迁户邹今双怎么也没有想到，自己在山沟里住了一辈子，有一天能走出来住进这个崭新的现代化小楼里。

邹今双的脸上已经爬满了岁月的痕迹。在搬进安置区之前，他住的地方交通不便，并且由于自己没读过什么书，只能依靠种植粮食和养猪维持生活，每年赚得四五千块，日子过得紧巴巴的。曾经也想要通过自己的双手去改变自己的生活，可是怎么改？通过什么样的新方式去改变？这都成了邹今双碰到的大难题。

精准扶贫的春风吹遍大地，改变贫穷的机会终于来了。受益于易地扶贫搬迁政策，邹今双和家人们从洛塔乡的大山深处搬到了这个新的安置小区。"多亏党的政策好，搬迁搬到这个富强小区了，这个小区各方面条件都好得多，现在和儿子养点蜂子，两百窝蜂子，一窝算五百，两百窝蜂子有十万块钱，现在条件比以往好得百倍。"邹今双高兴地说。

自己动手丰衣足食，像邹今双一样，通过易地扶贫搬迁脱贫致富的不在少数。

为确保易地扶贫搬迁对象能够如期脱贫致富，龙山县落实了易地扶贫搬迁对象产业任务清单和转移就业任务清单，确保有劳动力家庭每户均有产业收入，或至少一人转移就业。该县还积极与济南市市中区对接，争取到 1000 万元东西部协作扶贫资金，在集中安置区周边创办产业基地 1500 亩，实现了集中安置对象每户一亩特色产业，每户每年产业分红不低于 400 元。同时，紧紧依托县域文化旅游景区及百合、烤烟、中药材、油茶、畜牧养殖等特色优势产业，鼓励和支持企业帮助搬迁户脱贫致富，让搬迁群众分享大旅游和特色产业红利。

据了解，为确保就业，龙山县与县工业园合作，为易地扶贫搬迁户提供就业岗位 200 个；通过开发网格员、楼栋长、保洁员、水电维护员、保安员等公益性专岗就业 193 人；开发转岗护林员岗位就业 115 人；通过建立"扶贫车间"及延伸服务点为易地搬迁户提供务工岗位 600 个；通过落实社会保障兜底政策帮扶 63 户，179 人；4398 人通过外出务工实现稳定就业，发放稳岗交通补贴 175.9 万元。①

2. 要让幸福来敲门

易地扶贫搬迁是区域脱贫攻坚战的"头号工程"，也是一块难啃的"硬骨头"。自 2016 年以来，吉首市已累计实施易地搬迁 9 个乡镇街道，84 个行政村，1966 户，7900 人，取得了"挪

---

① 田冠华、肖寒：《扶贫搬迁一小步　幸福生活一大步》，《团结报》2019 年 8 月 21 日第 3 版。

穷窝"的重要胜利。离开了"养不起一方人"的那方山水，如何让搬迁群众在新居所深深扎根，居有所获、居有所乐，成为吉首扶贫的工作重点，惠民生的实在举措不断孕育而生。

"搬得出更要稳得住，我们要让搬迁户安居乐业，过上他们期盼的好生活。"这是吉首市搬迁办一众扶贫干部经常挂在嘴边的一句话。即便吉首市正式脱贫摘帽已1年有余，但脱贫成效的巩固提升在该市仍然在持续深入推进。

（1）工作岗位进小区

在吉首市经开区易地扶贫搬迁安置点的一栋居民楼前，心艺民族服饰公司的金色招牌引人注目。企业负责人向建英是一位1986年出生的年轻人。她继承了家庭苗服工艺的传统，立志要把企业做大做强，把苗家服装生意做到全国各地。

向建英也兼管对企业新员工的技能培训。她说："学员全都是居住在小区的建档立卡户，相信一两个星期后她们就能成为熟练的纺织工。"据她介绍，来自安置点并学会了手艺的学员可以直接到企业上班，计件发薪，平均有3000元的月薪，做得好的熟练工能达到5000元。当前苗服制作培训报名火爆，这里的规模有望进一步扩大。

当初，把向建英"请"过来的是安置点临时党支部书记符明。正是他多次主动上门相邀的诚意感动了向建英。"看到心艺产品后，我发现了苗服产业的潜力。她们拥有稳定的客源，需要的是熟练的纺织工人。小区的村民们从农村来到城市，对新工作充满了渴求，现在工作岗位进了小区，村民们在家门口就能上班，这确是一个'好姻缘'！"符明说。

居民楼里的服装工坊是吉首市积极为搬迁群众解决就业问题的缩影。当前，吉首市搬迁办已与经开区内的18家企业签订了《易地扶贫搬迁用工战略协议》，解决用工岗位1300个，确保1300户搬迁户至少户均1人在经开区就近就业。吉首市分别在河溪百里、坪朗、马颈坳高脑等7个集中安置点开设扶贫车间，为370户搬迁户家庭解决了就业问题。吉首市就业局针对搬迁户实际情况，向广东、浙江等省份输送劳务务工人员875人，保障了搬迁户的稳定收入来源。

（2）喜唱山歌"乾城人"

"乡村搬到吉首来，层层得到党关怀，感谢政府感谢党，永久安康永不衰。"这是在安置点落户的原丹青镇烟竹村村民陈初鸾现编现唱的山歌，以表达自己对吉首易地扶贫搬迁工作的感激之情。

人到中年的陈初鸾因患鼻咽癌丧失了劳动能力，是因病致贫的典型。2018年做完手术，不久前又完成了复检，其中90%的医疗费用享受到吉首市扶贫政策，得到报销。病情好转后他和妻子于2018年年中搬进了经开区的安置房，舒适的新生活让他十分满足，听山歌与品香茶成为他的两大爱好。

"我们也变成了'乾城'人了，我们也有一个美好的前程，这是做梦也没想到的。"同样来自丹青的村民张仕佑发出如此感慨。

离开了祖祖辈辈生活的穷山窝，张仕佑搬进了经开区扶贫安置点100平方米的新家，一家人其乐融融。张仕佑目前在经开区参加标准厂房建筑装修，媳妇在经开区内的吉欧鞋服有限公司务工，两个人加起来月工资就有6000多元，离家步行仅10分钟。他的孙儿新入学的乾元小学是乾州地区新建的重点学校，离家不到2公里，每天都有免费上学公交车乘坐。

高亢的山歌与"城里人"的骄傲，是搬迁群众内心喜悦的真实写照。吉首市在妥善做好搬迁群众基本生活保障工作的基础上，加快安置区教育、医疗等公共服务设施建设，使得易地搬迁的生活"福利"惠及群众，让他们真正收获了幸福感。

（3）终于过上好日子

这几年，湘西太平镇夯古村村民石庭喜增加了收入，住进了新房，终于过上了好日子。当然，令他高兴的不只是搬进了新房这件事。作为建档立卡贫困户，他们一家 4 口几乎享受了吉首市所有扶贫政策带来的实惠。2017 年 11 月，已是 72 岁的石庭喜，这辈子第一次外出旅游，而且还是去了北京。事后他笑着说："一拿到新房钥匙，我就决定了要去首都看看。"

四　湘西精准扶贫典型案例（下）

（一）　创新扶贫

1. 转变思路种水果

凤凰县廖家桥镇菖蒲塘村曾是个"一方水土养不好一方人"的村落，过去种水稻是"三年两不收"。后来，村民转变思路，尝试改种水果。由村里的老党支部书记王安全带着大家学习摸索果树的嫁接和育苗技术。该村也因此形成了一个传统，即哪里有既适合村里种植又有市场的新品种、好品种，就争着去引进试种。像湘西椪柑、"米良1号"猕猴桃、福建平和琯溪蜜柚、四川广元苍溪红心猕猴桃等知名品牌的水果，都在该村种植成功。

通过种植水果，以及对果业技术的学习和钻研，村里涌现出一大批水果"土专家"。据悉，全村现有省级科技示范户2户，州、县级科技示范户11户，中级农技师21人，初级农技师48人。村里还有一支声名远扬的"女子嫁接队"。她们靠着娴熟的果树嫁接技术，一年走南闯北可挣200多万元。

菖蒲塘村正是凭着转变思路种水果，以及由此练就的果业技术和技能，包括果树剪枝和果树育苗等，从一个只长"菖蒲草"的穷乡僻壤，成长为一个果业强村，走上了一条立足果业又跳出果业谋发展的小康之路。回忆起这些变化，村民们说"这离不开总书记的深情嘱托"。2013年11月3日，习近平总书记来到菖蒲塘村，提出了"依靠科技，开拓市场，做大做优水果产业，加快脱贫致富步伐"的重要指示。

2. 生态养殖新思路

"如今，环保越来越受重视，人们追求绿色安全的饮食，搞生态养殖前景光明。"当初，就是这个想法激励起一个创业者的决心——他就是湘西吉首市永宏生态专业种养合作社负责人陈永宏。现在，他已是声名在外的产业带头人。

2016年，为了响应国家创新创业号召，陈永宏毅然辞去原有工作，在椰木村村支两委的支持下，成立了吉首市永宏生态专业种养合作社。他承包了40多亩土地，投入了50余万元建立养殖孵化基地，开始了自己的养鸡事业。

在陈永宏的养殖场里，鸡都是"放养"的。这种鸡又被称作"土鸡"，它们拥有宽广的活动空间，穿山林，饮泉水，捉虫儿，运动量不小，所以颇受消费者的青睐。

陈永宏说，村里环境优美、水源干净是发展产业的独到优势。由于主打"生态"品牌，他家的鸡和蛋品质好、销路广、口碑佳，在市场上很受欢迎。陈永宏本人也因此获益良多，他的年均收入早就超过了10万元。

一花独放不是春。创业成功的陈永宏并没有只顾着自己发家致富，还想到了如何帮助其他村民共同致富。为了带动大家都来养鸡，陈永宏创新思路，采取了"借鸡下蛋"的发展和帮扶模式。他免费将土鸡种苗发放给其他村民，提供养殖技术，长大后再回收统一销售。就这样，越来越多的村民无风险、低成本地参与到这个致富产业中来。

立足家乡实际，从创业者到带头人，陈永宏成为村里年轻一辈口口相传的学习榜样，他们见人都道："宏哥真是好样的！"2016年，通过养殖产业带动，该村26户，89名村民摆脱了贫困，人均年收入达到了2万余元。

3. 扶贫机制被激活

在精准扶贫上，湘西积极探索，大胆创新，践行产业扶贫资金直接帮扶模式，基层组织、龙头企业、合作社带动模式，股份制模式，飞地经济模式，委托帮扶模式，对口帮扶模式等多种扶贫模式，八仙过海，各显神通，为全州精准脱贫按下"快捷键"，激活了各种扶贫机制。

如泸溪辛女食品有限公司实施"政府扶持、免费供种、分户养殖、统一指导、生态育肥、统一回收、统一加工、统一营销"的铁骨猪养殖扶贫模式，得到国家领导人的充分肯定。永顺县籍大学生覃敏返乡创业，成立老腊妈黑猪养殖专业合作社，启动"众筹"模式，打开湘西黑猪销售市场。凤凰县菖蒲塘村利用该县旅游发展优势，践行农旅融合发展模式，为当地百姓脱贫致富注入新鲜"血液"。

（二）科技扶贫

2019 年 11 月 12 日，在吉首市马颈坳镇新湾村，村支书张五全指着满山翠绿，欣喜地向来访者介绍村里的千亩黄金茶园。很难想象，几年前，这里还是一片无人问津的荒地。他说："做茶我们起步晚、没经验，大家开始都不敢投入，他带给了我们信心。"张五全在这里所说的"他"，就是名叫王润龙的湘潭人。他是一位从 2008 年起就扎根湘西的湖南省科技特派员。

2016 年，新湾村响应政府号召，淘汰了没销路的椪柑产业，开始尝试种植茶树。面对当时村民种茶普遍存在的底子薄、无经验的现实，王润龙的办法是树信心、抓技术。他多次组织村民到市里的种茶大村隘口村参观交流，让他们真实了解产业发展的良好前景，坚持定期进村手把手向茶农传授技术经验，对茶叶育苗、扦插等过程层层把关。

　　尽管王润龙挂职吉首市副市长，但他却常常不打招呼只身进村为茶农服务。茶叶办工作人员幽默地称他是"独行侠"。村里的老人对他的评价是：王副市长没架子，经常和我们在一起，就像是农民的一分子。

　　很快，王润龙务实的工作作风带来好的效果。新湾村村民的种茶积极性提高了，他们纷纷加入由大户向顺艮牵头成立的茶叶种植合作社，期盼把产业做大做强。

　　2017年，合作社又采用王润龙推广的地膜覆盖技术进行茶叶种植栽培，使茶苗成活率从60%左右大幅提高至95%以上，大大降低了生产培管成本，茶农们对他更加信服。

　　2019年清明前夕的一天凌晨，新湾村炒茶机器出了故障，温度调节失控。白天采摘的明前茶需要立即处理，情急之下，村民拨通了王润龙的电话："机器坏了炒不了茶，我们很着急，您能不能帮忙想想办法？"

　　"我马上来！"一句简单回复，睡梦中醒来的王润龙放下电话就乘车赶到村里。他熟练地帮助茶农调好了机器，又亲自带领大家一起炒茶。直到凌晨4点钟，所有工作做完，才匆匆踏上返程。对此，在场的村民无不感动。

　　有村民回忆道："现在想起来，这么晚还敢跟领导打电话，实在是因为他与我们走得太近，我们与他太熟了。"

　　湘西十余载，他乡似故乡。王润龙对黄金茶和脚下的土地满怀深情。他说："湘西的黄金茶具有高氨基酸、高水浸出物、高叶绿素的品质特点，是一座绿色的金矿。我的梦想就是要让过去'养在深闺人未识'的黄金茶真正发展起来。为了茶农脱贫致富，我这块砖哪里需要往哪里搬。"

　　在湘西工作期间，王润龙推行茶树标准化栽培技术和绿色生态防控技术，促进了黄金茶品质和产量的提高。为"湘西黄金茶"国家地理标志证明商标核准注册做出积极贡献，树立黄金茶一大品牌。他带领专家团队研究制定了湘西黄金茶种植加工的4项技术标准，为黄金茶市场规范化打下基础。他与省茶叶研究所共同牵线搭桥，引进了全自动化红绿茶生产线，实现茶叶专业化生产的突破。

王润龙刚到湘西时，儿子还在读小学，到后来成为大学生。王润龙刚到湘西工作时，整个湘西地区黄金茶面积不足2000亩，现在单单吉首市就发展黄金茶10.4万亩，茶叶企业、专业合作社达百余家。长期异地工作，他说自己错过了儿子的成长，是一个"不称职"的爸爸。但十几年过去，王润龙却见证了另一个"儿子"——黄金茶产业在政府、茶企茶农和各级科技特派员的共同努力下茁壮成长，成为湘西群众增收致富的当家产业。

2019年是我国科技特派员制度推行20周年。在全国性总结这一制度的大会上，王润龙受到了通报表扬。十余年如一日，专心做黄金茶。这位湖南省农科院茶叶研究所的专家，就是这样把光和热尽情挥洒在湘西的田间地头，成就了自己的"黄金茶梦"。

（三）金融扶贫

1. 资金帮扶惠农家

在产业发展和经济发展的过程中，金融也是一个重要的杠杆和抓手，它能起到四两拨千斤的作用。对于精准扶贫也是如此。近几年来，湘西在金融扶贫方面，通过产业扶贫资金直接帮扶的模式，已惠及全州的千家万户。

湘西州制定的产业扶贫资金标准，能够结合地方实际，因地制宜，形式多样，不包干，不一味"输血"，更体现扶贫资金的"造血"功能。据州扶贫办负责人介绍："产业扶贫资金具体到户金额虽然不大，但对这些有意愿发展小规模产业的村民来说就是一个'保障金'，是一个调动他们发展积极性的'动力泵'。"

古丈县是湘西州的产茶大县。为了加快农民群众脱贫致富步伐，2017年，该县整合建档立卡贫困户产业资金3002万元，有效帮扶贫困户6656户，21388人。近几年，永顺县整合涉农资金13.1亿元用于产业扶贫，为5112户贫困户发放小额信贷2.17亿元，建立风险补偿金2500万元、贴息904.5万元。

2. 金融助推优质稻

湘西凤凰县的腊尔山，属于高寒山区，那里海拔较高，交通不便，是一个贫困程度深的地方，素有凤凰县的"西伯利亚"之称。同时，腊尔山又是一个深山藏宝的地方。那里生态环境优越，日照充足，植物生长周期长，所产稻米品优质高。在一个正月十九的日子，虽然腊尔山的积雪还没融化，却迎来了一位新年伊始的"巡田人"，前来察看那里田间的水分是否充足——他就是追高鲁村的种粮大户欧林刚。

欧林刚曾是村里的建档立卡贫困户。当年，为了养家糊口，欧林刚一直在外打工。由于身无一技之长，在外打工收入较低，而家里又负担重、开销大，弄得欧林刚一年到头存不了几个钱，一直处于贫困状态。

回忆起过去的经历，欧林刚说道："以前家里穷，搞产业，没本钱，怕风险，现在国家扶贫政策好，有专门的产业扶贫资金，我们的胆子就大起来了。"2018年年初，欧林刚返乡发展产业，种了8亩水稻、3亩辣椒，获得产业扶贫资金4200元，一年纯收入近4万元。

据腊尔山镇干部反映，当地像欧林刚那样依托金融扶助脱贫的农户还有不少。因为有了产业扶贫资金"撑腰"，2018年追高鲁村16户建档立卡贫困户种植了优质稻米，而且还带动了夯卡村、流滚村、德了村等周边村寨建档立卡贫困户的种粮积极性。目前，腊尔山优质稻米在州内外已形成了品牌影响力，成为当地百姓脱贫致富的"当家产业"。

（四）开发特色

"自然生态和原生态文化是湘西州最大的优势和最宝贵的财富。"这是湘西州委书记叶红专对于湘西自然资源禀赋特点，以及湘西发展特色产业思路所做的精准判断。作为一个历史悠久、民族杂居的地方，湘西不仅有丰富的自然资源，还有厚重的人文资源，这也是湘西发展特色产业扶贫的基础所在。

1."湘西第一村"模式

湘西泸溪县浦市镇马王溪村因发展快、村容美，在全州享有盛名。州委书记叶红专到该村调研时，曾赞誉该村是新农村建设"湘西第一村"。在马王溪村内宽广的大道两旁，绿树摇曳，葱葱郁郁，温室大棚鳞次栉比。一旁立起的标识牌上清楚写着"梦幻彩陶体验园、果蔬采摘园、游客服务中心生态餐厅"等字样。远处，几栋清新别致充满民族气息的民宿建筑吸引着过往游客的目光。

村支书石泽林介绍说："生态农业观光游是现在村里发展的新方向，来势相当好。目前，我们的产业配置十分灵活，村民们都有了'第一桶金'，可以自由选择适合自家的谋生渠道。"

石泽林口中的"第一桶金"来自马王溪村的当家产业——陶瓷生产，故事仍与这位老支书有关。早年前，石泽林为了生计曾到广州佛山的陶瓷厂打工，回乡后便把产瓷技艺和销售渠道带到了村里。

马王溪村盛产高岭土，这恰是做陶瓷的好材料，加上村里剩余劳动力丰富，又有石泽林负责联系市场，陶瓷产业孕育而生。有村民回忆说："在最困难的时候，村里的陶瓷厂养活了我们许多人。"

有原料、有技术，有人力，该村发展陶瓷产业的资源优势得到湘西州有关方面的充分重视。2016年，作为央企的酒鬼酒公司成了马王溪村陶瓷厂的最大客户。陶瓷厂也从以生产低端产品为主过渡到主攻中高端产品。2018年，生产酒鬼酒陶瓷酒瓶使得马王溪鑫隆紫砂陶瓷厂直接创收1200万元，拥有熟练工人200多人，带动30余名建档立卡贫困户就业脱贫。

陶瓷产业发展壮大，群众的口袋鼓了，新的产业也跟着发展起来。果园、菜园规模日益扩大，民宿、餐馆应运而生，村民们成群结队搬进了"小洋楼"，特色村落成了远近闻名的富裕村、样板村。

2. 山泉成了致富源

一次，全国人大代表、步步高集团董事长王填第一次到十八洞村。听村干部说有发展山泉水项目的意向，他当即表示要去看看水源。

王填回忆说："我往返两个多小时找到了泉口，带了四个空瓶子去，取了样水，回来一验，泉水非常好。"当时他立即开始与相关部门论证在十八村建设水厂的方案。

2017年6月，湖南十八洞山泉水有限公司成立。当年10月8日建成投产，每小时可生产1万瓶山泉水，旺季时可雇用130多位务工人员。十八洞村村民集体以水资源入股，享有水厂15%的收益权，2017年年底就拿到了50.18万元的分红。

从此，在山寨里流淌千年的山泉水，摇身一变，走出大山，就变成了村民们脱贫致富的源泉。

3. 自然资源孕商机

对湘西来说，得天独厚的资源禀赋并不仅有山泉水。地处北纬27°—30°的武陵山脉腹地，湘西州地理气候条件独特，是著名的土壤富硒带、微生物发酵带和植物群落亚麻酸带"三带"

交集区。

立足生态优势，以农业供给侧改革为线，全州培育壮大柑橘、茶叶、烟叶、猕猴桃、蔬菜、油茶、中药材和特色养殖八大特色产业，因地制宜布局"一县一业""一乡一特""一村一品"产业开发格局，并加大农业品牌创建、培育和整合力度。

这些好山好水孕育出的特色农产品，经过市场检验，形成了一批知名度高、带动力强、辐射面广、质量安全的绿色富硒有机特色品牌，如保靖黄金茶、古丈毛尖、泸溪椪柑、龙山百合、永顺猕猴桃等。

"看得见的生态，尝得到的绿色"现已逐步成为湘西农特产品在消费者心中的印象，在市场上的标识。而今，全州"三品一标"总数已达100个，拥有中国驰名商标3个，湖南省名牌产品3个。

4. 民族特色助脱贫

在当地政府的支持下，凤凰蜡染传承人姚六菊创办了湘西蜡的世界蜡染有限责任公司，集研发、生产、销售蜡染产品，以及经营特色旅游于一体。公司在廖家桥镇、千工坪乡建立了蜡染原料生产基地，成功带动当地1000余名贫困户脱贫。

湘西山谷居民文化产业发展有限公司，也是一家经营民族特色产品和民族风情旅游的企业。它在吉首、凤凰、花垣、龙山成立4家民族工艺合作社和3个苗绣基地，签约手工艺者300余名，间接带动手工艺者1000余人，年文化旅游产值达2000万元，带动农村就业人口500余人。

而今，具有浓郁湘西民族特色的品牌越唱越响，促进了扶贫产业健康发展，实现了贫困群众稳定增收。在党和政府的领导下，湘西人民正与全省、全国人民一道，迈步在决战脱贫攻坚、决胜全面小康的大路上。

（五）宣传扶贫

充分利用各种媒体，积极向外宣传、推荐湘西地区和湘西特色产品等，既是推介湘西品牌、提高湘西产品竞争力的可行性方法，也有利于为湘西扶贫助力，包括为精准扶贫助力。这已被有关各方所肯定。

国家级非遗苗歌传承人吴廷翠，通过群策群力，发起拍摄了苗语版关于十八洞村的《我和我的祖国》快闪视频，为的是向世人宣传极富魅力的湘西。

凤凰县腊尔山镇干部耗时半年，历经夏秋，航拍了一部《凤凰县腊尔山镇产业纪实》视频，为的是向公众推介当地种植的高寒山区大米和蔬菜。

这两部由湘西青年拍摄的关于湘西和湘西产品的视频作品，一个是讴歌家乡的好风光，另一个是展示家乡的好物产。他们共同的目标是传唱湘西品牌，把湘西的好景、好物、好故事唱得更响，传得更远。

他们都深知，湘西和湘西品牌在社会公众、消费者和游客心中的认同感，以及在市场上的影响力，才是湘西和湘西品牌的核心竞争力。它们事关湘西农业特色产业、民族特色产业、生态文化旅游产业等的持续健康发展。只有做大、做强、做优湘西品牌，才能让群众在发展产业中脱贫致富，在产业做大做强中稳定脱贫、长富久富。

利用宣传手段，借助媒体平台，让湘西品牌唱得响、传得远，让"绿水青山"真正变成群众脱贫致富的"金山银山"，是湘西在精准扶贫实践中探索出的一条新路子，成为全州上下的共识。

（六）　电商扶贫

近年来 IT 产业以及为 IT 产业所支撑的电商在中国各地如雨后春笋般地发展起来。湘西虽然是个贫困地区，同样能借助电商这个现代经济手段，来发展当地的经济和社会，还能通过电商来扶贫，包括精准扶贫，而且已经取得了可喜的成效。这也是湘西扶贫攻坚的可行性经验之一。

湘西州邮政公司借"船"出海，利用邮政系统开启电商扶贫新模式，全力实施"扶贫 + 邮政""互联网 + 邮政"，为企业发展营造出一个良好的外部发展环境。尤其是将电商节融入地方精准扶贫工作后，得到地方党委、政府的高度肯定和大力支持，将邮政电商作为政府扶贫攻坚的"官方合作伙伴"，取得了良好的社会效益、经济效益、企业效益和长远效益。先后与州农委、旅游局、吉首大学、猕猴桃销售产业联盟签订战略合作框架协议，在推进综合便民服务平台建设、农民"双创"等方面进行合作。

自 2016 年永顺县松柏镇猕猴桃项目成功运作以来，永顺县邮政分公司已成功摸索出"统一打造松柏地域品牌、统一包装标志、统一质量标准、统一包装补助、统一邮资补贴"的项目推进实施模式，并在全州农特产品重镇复制推广。自 8 月以来，全州通过邮政渠道寄递的猕猴桃已达到 15 万余件。仅松柏镇邮政电子商务服务中心就收寄猕猴桃近 10 万件，在邮政助农扶贫的引领下，松柏镇微商户由原来的近百户发展到现在的 500 多户，其中建档立卡贫困户 150 户；参加网销的合作社有 15 个，带动精准扶贫户 800 余户通过邮乐网平台销售猕猴桃达 8000 件。

通过"政府扶持，百姓参与，邮政运作"的方式，围绕"产业脱贫"工程，做优农特经济，帮助村民通过电商脱贫，实现"两翼"联动发展。同时，联合政府职能部门大力推广"电商创业"，并以邮政牵头举办电商孵化培训，实现"培训在当地，创业不出乡，致富靠邮政"。邮政电商扶贫助农工作得到地方政府的高度肯定和大力支持。在猕猴桃项目的社会影响下，永顺县商务局已投资40万元建立了15个村级电子商务公共服务站点，为邮政解决了物流"最后一公里"的问题，同时也为种植户提供零距离寄递服务打下了基础。

在有关方面的组织、协调和配合下，邮乐网牵手吉首王婆泡菜、永顺吊脚楼、古丈毛尖茶叶等十余家地方农特产品加工商，通过邮乐网平台，成功实现下单2万余单，当日爆款下单最高峰达4500余单，有力带动了农副加工产品的销售。湘西州分公司立足地方资源，发挥企业优势，按照扶持地方产业、牵手地方农特产品加工企业的思路，搭载电商节活动，成功探索出"邮政＋互联网＋产业扶贫"发展模式，并取得良好企业效益，实现了业务的融合发展。

2018年9月3日，湘西成功举办了"首届互联网·湘西猕猴桃开园节"暨"邮乐919购物狂欢节"活动。活动以"3＋1＋9＋5"的形式掀起邮政扶贫助农电商潮。活动当天，永顺、龙山、古丈3县唱主角，湘西州党委、政府领导出席，全程参与启动仪式，并有农业专家现场推介，通过互联网实时播报活动情况；与湘西销售联盟签订合作协议，打造邮乐网供货、销售、寄递"一条龙"式服务模式；同时，在凤凰县古城从文广场、永顺县松柏镇居委会六组等9个基地同步举办电商节活动。按照相关安排，吉首、花垣、凤凰等5县（市）也因地制宜举办电商节宣传活动。这不仅实现了政府、邮政、地方产业及老百姓多方共赢，还打通了供货、销售、寄递"一条龙"式湘西农特产品进城渠道，为电商在助力精准扶贫上初步探索出了新的运作模式。

湘西邮政还与湘西州职业技术学院共同举办"扶贫志、创业梦"邮乐校园互联网创业大赛，以互联网创业为切入点，发动学生注册和使用"邮乐小店"。为确保大赛效果，此次大赛采取"10＋2＋2＋1"的模式，即将参赛学生分为10个小组，每组由校方和邮政各安排一名辅导人员，及时解答问题；建立以小组为单位的学生微信群，为后续校园综合营销奠定基础；每天一通报，鼓励学生积极参与。这种形式在帮助学生积累互联网创业经验的同时，让学生深刻感受和体验邮政电商节的魅力，领会电商扶贫责任与担当的内涵，也为校园市场开发，实现学校与邮政企业深度合作打下了基础。

为了不断推进电商发展，吸引更多的人加入电商扶贫和脱贫的行列，湘西有关方面还专门组织了电商培训。2019年11月19日，2019年济南—湘西东西部扶贫协作电商培训班开班仪式在湘西吉首市举行。此次培训旨在借助电商先进运营理念和较强的技术支撑，助力湘西电商人才培养，提升其电子商务产业创业创新能力，达到脱贫致富的目标。培训为期两天，来自湘西各个县商务部门负责人、电商协会、扶贫服务中心、农业合作社、优秀电商企业代表及农村致富带头人等50多人参加。培训聘请电商专家为大家授课，学习内容涉及电商直播与短视频制作。通过讲师讲解和实际操作演练，培训人员对淘宝直播操作流程、流量、粉丝经营知识都有了更深的认知，进一步提高了电商直播从业人员的业务素质。学员们纷纷把创业中遇到的问题、长期困扰自己的难题，拿出来进行交流和讨论。学员代表表示十分珍惜此次学习电商应用与实践技能的机会，并对实现电商梦充满信心。还有学员表示，一定要将所学内容吃透，确保此次培训的效果持续延伸到脱贫攻坚的进程当中。

（七）教育扶贫

扶贫先扶智，教育当先行。湘西从上到下都认为：湘西要脱贫，教育是关键。因而，发展教育脱贫是湘西精准扶贫的重要组成部分之一。从 2016 年开始，在全州范围内对建档立卡贫困家庭子女实行 15 年免费教育。力争做到控辍保学全动员，学生资助全覆盖，不让一个孩子因贫失学，阻断贫困代际传递。

截至 2017 年年底，湘西州仍有贫困学生 17.98 万人，占学生总数的 36.22%。湘西州全面提高困难学生生活补助标准和农村学生营养午餐餐费标准。小学和初中阶段的生活补助，分别从 1000 元、1250 元提高至 1500 元和 2000 元。农村学生营养午餐餐费标准从 4 元提到 5 元。所需资金全部由国家财政拨付、州本级和县级财政埋单。

针对一段时期因上学困难、厌学而辍学的学生成为流失学生的主体，湘西制定了更加精准的控辍保学政策：由县市长、乡镇长、村组长、家长、校长层层负责的"五长"责任制，以及明确一名教师、一名村干部、一名家长或监护人帮扶一名辍学学生的"三帮一"行动。

为了改善教学设施和条件，以及驻校学生的生活条件，湘西自 2015 年开始实施"农村学校标准化工程"，为此投入了十多亿元，用于建设标准化教学楼、标准化计算机室、科学实验室、仪器室、道路硬化等。

前后建设农村学校校舍 16.6 万平方米；维修改造农村薄弱学校校舍 58.4 万平方米，全面消除了农村学校 D 级危房和"大通铺"现象；学生宿舍、厕所、热水供应等生活设施一应俱全；农村学校体育活动场地和设施基本满足要求……全州共有 176 所农村学校旧貌换新颜，改造升级为"美丽村小"的教学点更是多达数百个。

除了硬件方面的投入，湘西还在教育扶贫的软件方面下功夫，逐步建立完善了学生资助政策体系，出台了从学前教育到高校教育的各阶段学生资助政策，进而从制度上保障了"不让一个学生因家庭经济困难而失学"。根据不同教育阶段，湘西的学生资助政策具体有以下内容。

学前教育阶段：一免一助

1. 免保教费

享受对象：建档立卡等家庭经济困难在籍在园幼儿。政策标准：每生每年1500元。

2. 入园生活补助

享受对象：建档立卡、低保等家庭经济困难在籍在园幼儿。政策标准：每生每年1000元。

义务教育阶段：四免一助一餐

1. 义务教育阶段学生全部享受国家免费提供教科书，为农村义务教育阶段学生免费配发汉语字典。

享受对象：义务教育阶段学生。

2. 义务教育阶段学生全部免学杂费

享受对象：义务教育阶段学生。

3. 免除义务教育阶段学生寄宿费

享受对象：农村义务教育阶段寄宿生。

4. 免除义务教育阶段学生教辅资料费

享受对象：在校生中的建档立卡等家庭经济困难学生（含非建档立卡的家庭经济困难残疾学生、农村低保家庭学生、农村特困救助供养学生）。

5. 生活补助

享受对象：建档立卡、低保等家庭经济困难在籍在校学生。政策标准：建档立卡、低保等家庭学生分别按小学每生每年1500元、初中每生每年2000元标准执行。其他贫困寄宿生分别按小学每生每年1000元、初中1250元标准执行（根据上级指标决定）。

农村义务教育阶段：学生营养改善计划

享受对象：农村义务教育阶段学校学生。政策标准：中央财政为每生每天提供4元的营养膳食补助（每年200天）。

普通高中教育阶段：三免一助

1. 普高免学费、免教科书费、免教辅资料费

享受对象：普通高中免学杂费对象是具有正式学籍的普通高中在校生中的建档立卡等家庭经济困难学生（含非建档立卡的家庭经济困难残疾学生、农村低保家庭学生、农村特困救助供养学生）。政策标准：（1）免学费：省级示范性高中（含特色教育学校）每生每年 2000 元，非示范性高中每生每年 1600元。（2）教科书费、教辅资料费按政策据实免除。

2. 国家助学金

享受对象：家庭经济困难的普通高中生，资助面约占在校学生人数的 30%。政策标准：分为 3 档，一等助学金每生每年3000 元，二等助学金每生每年 2000 元，三等助学金每生每年1000 元。建档立卡家庭、非建档立卡残疾学生、农村低保家庭学生、农村特困救助供养学生享受最高档。

中职教育阶段：一免一助一计划

1. 中职免学费政策

享受对象：中等职业学校在校的一二三年级农村（含县镇）学生、城市涉农专业学生和家庭经济困难学生。政策标准：每生每年 2400 元。

2. 中职国家助学金政策

享受对象：中等职业学校在校的一二年级集中连片开发地区的农村学生和城市家庭经济困难学生。政策标准：每生每年2000 元，主要用于学生的生活费。建档立卡、低保等家庭学生每生每年不低于 2500 元。

3. 雨露计划

享受对象：接受中等职业教育的农村建档立卡贫困家庭在籍在校一二年级学生。政策标准：在国家助学金基础上叠加给予 3000 元/年（深度贫困县 5000 元/年）补助，通过"一卡通"发放至学生家庭。

办理程序：该计划由扶贫部门组织实施，学生登录雨露计划网（网址：www. yulujihua. com）实名注册提交申请，或手机安装"雨露百事通"App 按提示填报；信息管理系统自动比对，审核学生信息；扶贫部门审核通过的拟补助扶贫对象名单及相关信息在贫困家庭所在行政村进行公示后，通过"一卡通"发放。

高等教育阶段

1. 大学生生源地信用助学贷款政策

享受对象：家庭经济困难且户籍在湘西州的全日制普通高校在校大学生和研究生（含新生）。政策标准：本科生不超过 8000 元/年，研究生不超过 12000 元/年，主要提供学费和住宿费，在校期间国家贴息。

办理程序如下。

第一步：登入相关网站（http：//sls. cdb. com. cn/）注册，如实填写和完善相关信息、贷款金额、贷款年限后导出并打印一份申请表到乡镇（街道）资格审查并加盖公章（续贷无须资格审查）。

第二步：本人及共同贷款人（续贷只需其中一人）带好身份证、户口簿、新生录取通知书（或学生证）及申请表（续贷只需申请表）到县市教育局学生资助管理中心签订合同。

2. 贫困家庭大学新生救助

享受对象：当年考取全日制普通高校本科（含预科）、专科（含高职）的州籍贫困家庭大学新生。申请者必须具备以下条件之一。

（1）农村建档立卡贫困家庭大学新生。

（2）享受农村和城镇最低生活保障贫困家庭大学新生。

（3）学生本人、父母双方或者一方系残疾人的贫困家庭大学新生。

（4）系父母双亡的孤儿。

（5）家庭遭大灾或者家庭成员遭大病。

（6）来自父母一方丧偶的农村单亲贫困家庭。

政策标准：全日制本科生（含预科）每人一次性救助5000元，全日制专科生（含高职）每人一次性救助3000元。

办理程序：学生向就读高中学校提出书面申请，并提交有关证明材料，经过学校初审，县市救助办复审，经公示无异议后，通过现场发放或银行汇款方式发给学生本人。

3. 高校毕业生贫困地区基层单位就业学费补偿

享受对象：全日制普通高校（非部属）应届毕业的本专科生（含高职）、研究生、第二学士学位学生，到贫困地区基层单位〔县级政府驻地以下地区（不含县级政府驻地）的机关、事业单位〕就业、服务期3年以上（含3年）。定向、委培以及在校期间已享受免学费政策的高校毕业生除外。政策标准：每年按博士生10000元、硕士及第二学士学位学生8000元、本科生5000元、专科生（含高职）3500元的标准连续补偿3年。

办理程序：第一年申请的，毕业生在签订基层单位就业协议后，于当年11月30日前填报《湖南省普通高校毕业生贫困地区就业学费补偿申请表》，附上就业协议、身份证、学历学位证书，递交就读高校审核，然后由就业单位审核，并出具工资发放证明，在每年12月底前，报送当地县级学生资助管理中心审核，县市汇总上报审核通过后，通过国库集中支付到学生个人账户；第二年、第三年再次申请的，学生于11月底前提交申请表（无须高校盖章）、工资发放证明、身份证等资料。

4. 高校国家奖学金政策

享受对象：奖励二年级（含）以上特别优秀学生。政策标准：8000元/年，主要用于学生的学费、住宿费、生活费。

5. 高校国家励志奖学金政策

享受对象：二年级（含）以上的品学兼优、家庭经济困难学生，资助面约为全日制在校学生总数的3%。政策标准：5000

元/年，主要用于学生的学费、住宿费、生活费。

6. 高校国家助学金政策

享受对象：家庭经济困难的大学生，资助面约为全日制在校学生总数的 20%。政策标准：分为三个等次，分别是 4000 元/年、3000 元/年、2000 元/年，主要用于补助生活费。

7. 高校经济困难新生入学资助政策

享受对象：家庭经济困难的大学新生。政策标准：省内院校录取的新生每人 500 元，省外院校录取新生每人 1000 元。一次性补助到位，主要用于家庭经济困难新生从家庭所在地到被录取院校之间的交通费及入学后短期的生活费用。

8. 高校学生参军入伍学费补（代）偿政策

享受对象：参军入伍的全日制普通高校学生（研究生）。政策标准：每生每学年补偿学费或代偿国家助学贷款的金额最高不超过 8000 元（研究生不超过 12000 元）。

9. 家庭经济困难大学新生入学"绿色通道"政策

主要针对家庭经济困难的大学新生，各普通高校对家庭经济困难的新生一律先免费办理入学手续，然后再根据核实后的情况，分别采取不同办法予以资助。

10. 高校勤工助学岗位

高校设置校内勤工助学，并为学生组织提供校外勤工助学机会。家庭经济困难学生优先考虑。学生参加勤工助学原则上每周不超过 8 小时，每月不超过 40 小时，劳动报酬原则上不低于当地政府或有关部门制定的最低工资标准或居民最低生活保障标准。

（八）培训扶贫

职业培训和职业教育，不仅对提高劳动者职业技能和素质，以及促进相关产业和经济的发展，具有非常重要和积极的意义，而且对扶贫攻坚也具有显著价值，甚至被认为能对精准扶贫发挥极为重要的基础性作用。在这方面，湘西也进行了有益的尝试和实践，并从中积累了可行的做法和经验，例如，开展职业技能培训、举办实地培训班、借助媒体资源、发挥院校优势等。

1. 开展职业技能培训

自 2018 年以来，湘西保靖县大力实施培训促就业、促脱贫工作，突出"订单、定向、精准"三个特点，重点开展市场需求量大的焊工、育婴师、家政服务员、保洁员、绿化工、缝纫工等专业培训。

为使培训取得良好效果，保靖县积极规范培训内容，改进教学方法，强化实际操作训练，确保培训质量和效果。采取广大农民最欢迎的"就近培训""就近转移""就近创业"的方法，把培训班开到村里，开到农户家门口。

为了做好这项工作，保靖县重视宣传发动。在该县各个行政村建立了信息员制度，负责信息发布，宣传动员，逐步发展成为乡镇有工作站、村有信息员、主要务工输入地有联络点的宣传组织。加大建档立卡贫困户劳动力和农村"两后生"技能培训力度。

事实表明，保靖县职业培训取得了明显成效。仅在 2018 年，该县共完成职业培训 5038 人，其中建档立卡贫困劳动力 1069 人；技能培训 1791 人，其中培训后就业 1532 人；创业培训 541 人，培训后成功创业 130 人。

2. 举办实地培训班

在湘西龙山县石羔街道南北村，养殖产业是村里的基础产业之一，但养殖技术缺乏却是村民在脱贫致富路上的一大难题。以前如果遇到技术问题，村民需要前往县城找有关部门和技术人员咨询，费时费力很不方便。

　　2017 年 11 月 1 日，一个专门的培训班在村里举办。它是驻村扶贫队员为了提高村民脱贫致富的能力，专门邀请了县畜牧局的 3 名技术人员，就生猪、山羊、土鸡、鸭、牛等家禽牲畜的有关养殖技术等对 34 名村民进行了培训，并发放了大量的消毒药品及相关养殖书籍。这种专业的技术干部下乡办培训班的方式，使村民可以直接与技术人员进行面对面的交流，极大地节省了村民的时间，提高了效率。

　　这次培训活动还进一步密切了干群关系，受到了村民的高度赞扬，同时也为贫困村下一步发展养殖项目、促进扶贫产业发展、加快村民脱贫致富打下了良好的基础。培训结束后，村民们表示技术员的授课通俗易懂，解决了很多生产中的实际问题，纷纷称赞党和国家的政策又好又实在，更加坚定了脱贫致富的信心和决心。村民表示："没想到养猪还是门技术活！""把养殖技术送到我们扶贫村里来，给我们提供了很大的方便！"

3. 借助媒体资源

　　为了满足和方便广大民众学习相关专业技术和技能，增强就业和创业本领，同时也是为了满足相关企业和行业的用工需求，湘西一直是采用多渠道、多途径的方式，其中就包括借助媒体资源，如报纸、电视、电台和网络等，以便各类需求者都可以发现和找到自己所需要的培训专业和内容等。

　　例如，在湘西百姓网的网页上，长年登载着有关职业技能培训方面的信息，涉及农/林/牧/渔、瓦工/电工/焊工/叉车工、厨师/保洁员/家政服务、化妆师/按摩师/美容美发师、数码维修/汽车修理、物流配送/外贸业务、教师资格/财务会计/经营管理/金融理财，等等。当地有关部门还经常邀请专业人员，通过各种媒体传授各种职业技能和专业知识等，取得了较好的效果，受到了广泛好评。

4. 发挥院校优势

习近平总书记多次强调:"治贫先治愚。要把下一代的教育工作做好,特别是要注重山区贫困地区下一代的成长。""扶贫必扶智。让贫困地区的孩子们接受良好教育,是扶贫开发的重要任务,也是阻断贫困代际传递的重要途径。"发挥相关院校的优势,特别是发挥职业院校的优势,对于增加和提高劳动者的技能和专长,进而达到扶智扶贫的效果,确实能够起到"四两拨千斤"的作用。

湘西采取了三级联动方式。一是政府主导学院助推,实现政校联动。2016 年 12 月,湖南城建职业技术学院与湘西自治州签订孤儿职业教育合作协议,开启职业教育精准扶贫。二是企业订单学校培养,实现校企联动。该院所属技校与湖南建工物业集团、沙坪建筑有限公司等 5 家校企合作企业在水电安装工程、电梯工程技术、建筑施工和工程造价等专业开设订单班,共同培养紧缺型技能人才,毕业后直接输送对口企业。三是家校共担育人责任,实现家校联动。学生入校前,该院领导先后多次深入湘西自治州各县、镇易地搬迁项目适龄青年家庭开展调研走访,介绍学院专业特色、就业前景和培养方案,了解家庭与个人需求;学生入校后,实施专业上分散管理、生活上集中管理的培养模式,并与湘西慈爱园、家庭建立互通机制,及时反馈学生在校学习生活状况,共担育人责任。

针对湘西土家族苗族自治州孤儿,湖南城建职业技术学院开设"今日青苗,明日栋梁"的"青苗班",实施对口招生培养。2017—2019 年,该院与所属技校共接收湘西土家族苗族自治州慈爱园孤儿 16 人。针对易地扶贫搬迁点适龄青年,开设"匠心筑梦、技能扶贫"的"订单培养班"。2018 年 8 月,该院所属技校与湖南省湘西土家族苗族自治州古丈县高峰镇签订精准扶贫对口帮扶合作协议,面向易地扶贫搬迁点适龄青年,与校企合作企业开办"订单培养班",对口招生 13 人。

五 湘西精准扶贫的成就

　　通过不断探索和努力，湘西在精准扶贫方面形成了不少行之有效的做法和经验，并且在实际中不断取得成效和成果。湘西精准扶贫的有益实践和显著成效，不仅在湖南省和全国范围受到了越来越多的关注，而且还受到了党和国家领导人的肯定。

　　2017 年 6 月 23 日，习近平总书记在深度贫困地区脱贫攻坚座谈会上，肯定了湖南省支持湘西州推进精准扶贫脱贫"十项工程"。他说："2013 年我到过的湖南湘西州十八洞村，3 年多时间摘掉了贫穷帽子，实现了全部脱贫，当年的光棍已有一半成了家，而且新娘都是外村人。"2019 年 2 月，习近平等中央领导同志对湘西州及十八洞村精准扶贫工作做出重要批示，湘西州成为全国脱贫攻坚的聚焦点，为全国乃至世界的扶贫、减贫事业提供了"湘西方案"。

　　2019 年 9 月 25 日，湖南省庆祝中华人民共和国成立 70 周年系列新闻发布会设立了湘西州专场。作为全国"精准扶贫"理念的首倡地、湖南省脱贫攻坚的主战场，湘西州可以实地向全省、全国和全世界提交令人欣喜的精准扶贫战果。

（一）精准扶贫的成就

1. 全州实现脱贫摘帽

自 2014 年以来，湘西精准扶贫推进力度、减贫规模、脱贫质量前所未有，陆续实现了许多既定的减贫目标。当前，湘西州 8 个县市全部实现了脱贫摘帽，区域性整体贫困问题基本得到解决，湘西州"十三五"时期的脱贫攻坚事业取得了伟大胜利。这表明湘西州扶贫攻坚取得了历史性成就。

至 2019 年年底，全州累计减贫 55.43 万人，贫困发生率由 31.93% 下降到 4.39%，农民收入年均增长 12% 以上。减贫重心实现了从救济式到参与式的转变，扶贫方向实现了从广泛到精准的转变。相关成果主要有以下方面。

（1）脱贫攻坚任务全面完成

实现了区域性整体脱贫的千年目标。截至 2019 年年底，湘西州建档立卡未脱贫人口下降为 13475 人，贫困发生率降至 0.65%。其中，吉首市由 25.90% 降至 0.26%、花垣县从 28.44% 降至 0.55%、保靖县由 31.88% 降至 0.54%、永顺县从 31.52% 降至 0.66%、泸溪县从 35.69% 降至 0.61%、龙山县从 29.73% 降至 0.78%、古丈县从 35.65% 降至 0.79%、凤凰县由 26.59% 降至 0.76%。

（2）经济实力显著增强

农民人均可支配收入大幅度提高。2019 年，湘西州实现地区生产总值 705.71 亿元，年均增长 7.5%，其中第一产业增加值 94.86 亿元；财政总收入 126.81 亿元，其中地方财政收入 64.13 亿元，年均增长速度分别达到 11.9% 和 9.3%；农民人均可支配收入 10046 元，年均增长 9.3%。

（3）农村特色产业规模和实力不断增强

2019 年，以"两茶两果"为代表的农村特色产业规模化、产业化水平进一步提高：共建成万亩特色产业标准园区 24 个，农民专业合作社 5761 个，农产品加工企业 938 家，家庭农场 2490 户。各县都形成了自己的特色优势产业。

（4）"三保障"任务完成较好

一是认真落实九年义务教育"两免一补"①、中职教育免学费政策和生活补助政策、大学新生一次性资助政策，全州贫困学生义务教育阶段入学率达 100%；二是实施医疗救助帮扶工程，全面落实"三提高、两补贴、一减免、一兜底"，各村都建立了标准化卫生室，加强"先诊疗后付费"一站式结算服务，贫困人口基本医疗保险和大病保险参保率达到 100%，建档立卡贫困户、农村低保户②、大病及特殊慢性病患者"四类人群"住院医疗费用报销比例达 85% 以上；三是强化危房改造、实施易地搬迁脱贫工程，2014—2019 年完成危房改造 100902 户，完成易地扶贫搬迁 19813 户；四是巩固提升饮水安全，农村饮水安全问题得到有效解决；五是织密兜底保障网，实现应保尽保、应兜尽兜，全州建档立卡兜底保障 50123 户，124183 人，占全部建档立卡贫困人口总数的 18.88%，实现了农村居民最低生活保障标准与困难群众扶贫标准"两线合一"。

（5）农村基础设施显著改善

围绕贫困村的"五通五有"需求，湘西州加大农村基础设施投资建设力度，实现了乡乡通水泥路、村村通公路，乡乡通宽带、村村通移动通信，乡乡有公立幼儿园、村村有农家书屋和党群服务中心，农村电网改造率达 99.35%，所有村民小组均

---

① "两免一补"是指国家向农村义务教育阶段（小学和初中）的贫困家庭学生免费提供教科书、免除杂费，并给寄宿生补助一定生活费的一项资助政策，简称"两免一补"。

② 低保户是指因家庭成员存在重度残疾或疾病丧失劳动力，享受最低生活保障补助的家庭。其住房或收入明显低于当地低保标准的居（村）民。

实现安全用电。全州公共服务能力也因此不断增强。

(6) 精准脱贫"十项工程"全力推进

这些工程为贫困村实施乡村振兴战略①奠定了坚实的基础。从产业扶贫来看,到 2019 年,1110 个贫困村累计成立了 1974 个合作社,加入专业合作社的贫困户占比达到 85.6%;从乡村旅游脱贫情况看,2015—2019 年累计有 139 个村发展了乡村旅游,乡村旅游经营户达 1968 户,农家乐经营户有 540 户,从业人员 3173 人;从就业扶贫看,建档立卡贫困户中有 234833 人实现了各种形式的就业,占全部建档立卡人口的 35.7%,其中公益岗位安置就业 13333 人。贫困村的产业发展有了良好的基础,2019 年出列村村均集体经济收入为 5.47 万元。

2. 十八洞村变化巨大

十八洞村是"精准扶贫"的首倡地,地处湘西州花垣县排碧乡西南部,紧临吉茶高速、209 国道和 319 国道,距县城 34 公里,全村有 4 个自然寨,6 个村民小组,225 户,939 人,属纯苗聚居区。由于深处湘西大山之中,山高路远,人多地少,生存条件恶劣。2013 年,十八洞村人均纯收入仅为 1668 元。村里有句俗语:"三沟两岔山旮旯,红薯土豆玉米粑,要想吃餐大米饭,除非生病有娃娃。"便是该村贫困面貌的真实写照。而今,十八洞村发生了天翻地覆的变化。以下是各类媒体关于该村变化的 3 个报道内容。

(1) 回乡圆梦干事业

数年之前,十八洞村村民龙先兰是第一个回乡的外出打工青年。

---

① 乡村振兴战略是习近平总书记 2017 年 10 月 18 日在党的十九大报告中提出的战略。党的十九大报告指出,农业、农村、农民问题是关系国计民生的根本性问题,必须始终把解决好"三农"问题作为全党工作的重中之重,实施乡村振兴战略。

当时，一听说习总书记到了村里，打工近 10 年的龙先兰就辞工回家了。他认为扶贫就该有钱给，所以跑去找扶贫工作队。但他被告知："扶贫不是给钱，我们也没有钱。你还得靠自己，想做什么我们帮你！"

于是，时年 26 岁的龙先兰决定做养殖。在工作队联系下，他先到怀化职业学院学竹鼠养殖，又拜了师傅学生态养蜂。2015 年，看村里游客多起来，他从师傅那里拿了 10 斤蜂蜜在村口卖。"没想到一下子就卖完了。我有了信心，开始养蜜蜂。"从 4 箱蜜蜂起步，结合师傅所教，他用心钻研，慢慢成为养蜂能手，收入也逐年增多。

2017 年，龙先兰可谓双喜临门。他迎娶了一年前在"十八洞首届相亲大会"上认识的姑娘吴满金，又牵头成立了"花垣县十八洞村苗大姐蜜蜂养殖专业合作社"，爱情与事业都迎来了丰收。

这一年，25 岁的村民龙金彪也回乡了。

先是春节回家被进村的路震撼，再被村庄的变化打动，见证了邻居龙先兰的改变后，龙金彪毅然决定不再出去打工，回乡发展。

他加入了龙先兰的养蜂合作社，又在村子附近打些短期工。3 岁女儿交给父母照看，妻子在村里担任旅游讲解员。"一年下来，不比在外打工赚得少。"龙金彪算了账。

2019 年 9 月 4 日，花垣县十八洞农旅农民专业合作社成立，整合流转全村土地，集中规划发展产业，进行乡村旅游开发。龙金彪没想到，自己年纪轻轻竟高票当选了理事长。

协调农户，测量土地，逐户签订入股协议，他这段时间忙坏了。全脱产投入这工作，收入肯定也受了影响。但龙金彪说："不能只看今天，要看明天和将来。十八洞村好了，我们才有更好的未来！"

"在我之后，村里大部分外出打工的年轻人都回来了。"旁边的龙先兰接过话："大家各想办法，各自努力，为了日子越过越好，更是为了家乡越来越好！"

（2）老支书当起"俏绣娘"

细雨初歇，绕村的雨雾渐渐散去，气温回暖。位于高寒山区的苗寨就是这样"一日三重天"。住在坡上的石顺莲家，不论风雨，每天都有十几位苗族妇女到来，她们围坐在火炕边，一边做苗绣，一边聊家常，格外热闹。

"这个叫'衣袖大滚'，隔壁杨珍姐绣的，这个叫'衣袖小滚'，是石女金绣的，这个'胸前大滚'最难绣，石香妹绣了整整一个星期呢……"石顺莲手上拿着一件刚刚做好的苗服，给大家介绍衣服上的苗绣作品。

"这个叫'富贵花开'，这个是'喜鹊闹梅'，这些图案在我们苗家都代表喜气、吉祥。"火炕边，大姐吴正花一边"飞针走线"，向来客"炫技"，一边介绍手上的苗绣。

石顺莲"抢"过吴正花的话题，得意地告诉记者，自己手中那件苗服是一家公司定做的，苗服上的苗绣由6位绣娘完成，定价2600元，这一件衣服，就为6位绣娘平均创收400多元。

石顺莲是十八洞的女能人，当了近20年的村支书，前几年才退下来。"人"退下来了，为村民服务的"心"依然闲不下来。

"习总书记来到我们十八洞村，激发了大伙脱贫致富的热情，我们不能全靠政府，更要靠自己努力，实现脱贫梦想，这样才不辜负总书记的关怀。"石顺莲说。

老支书不是在"耍嘴皮子"，她还真干起来了。2014年5月，在州县有关部门的大力帮助下，石顺莲把村里的妇女们组织起来，注册成立了"十八洞村苗绣特产农民专业合作社"。

合作社成立之初，掌声不多，泼"冷水"的倒不少。石顺莲的家人就不赞成，孩子们说："我妈年岁大了，忙活了这么多年，该好好休息了，她带这个头，别人还会说她不甘寂寞。"村里的男人们也是冷言冷语:"祖祖辈辈种田吃饭,织布穿衣,没见媳妇绣个花也能卖上钱。"

十八洞村是一个苗族聚居的山寨,地处武陵山区腹地,全村225户,939人,人均耕地0.83亩。千百年来,这个村庄的祖祖辈辈"只能"也"只会"靠田、靠山吃饭。2013年以前,村里的产业几乎是空白,人均纯收入仅1668元,为当年全国农民人均纯收入的18.75%。

习近平总书记来到十八洞村以后,全州上下掀起了"精准扶贫"的热潮,石顺莲看到了十八洞村脱贫致富的希望。随着村里名气越来越大,外来游客越来越多,结合村里实际,她认准发展苗绣是一项非常有前景的特色产业。

花垣县的"苗绣"历史悠久,工艺精湛,被列入"第一批国家级非物质文化遗产名录"。加之村里留守妇女多,闲置劳动力足,姐妹们又个个心灵手巧,针线功夫非常精细,有人才优势。

很快,在各级党委、各级政府的引导帮助下,合作社实行"公司+合作社+农户"的经营管理模式,先后与花垣县五新苗绣、金田苗绣、湘西指尖生花等公司达成了合作意向。由公司提供原材料和绣样,合作社农户负责织绣加工,最后,再由公司根据每件绣品的质量负责收购,支付合作社农户加工费。

合作社成立第一年,便签订100多万元的订单,累计回收苗绣半成品2000余件,赚取加工费20多万元,入社农户每人每月平均能领到工资1500多元。

绣娘们赚到钱后,腰杆直了,家里男人们也为她们点赞了,姐妹们的积极性更是空前高涨。石文祖、杨五香等20多位"巧媳妇"纷纷重拾绣花针。杨巧珍、吴正花等十多名常年打工在外的村民,看到苗绣前景不错,返乡加入了合作社。就连从四川嫁过来的新媳妇罗旭琴和10岁的小龙苗也爱上了苗绣……

"习近平总书记来到十八洞村以后，村里不少老百姓以为会'天上掉馅饼'，大伙不用干活也能'发财'了。"花垣县驻十八洞村扶贫工作队队长吴启斌介绍，很长一段时间，村里老百姓"等、靠、要"的思想比较严重，但老支书石顺莲一站出来，和工作队一起，带领大家发展苗绣产业，确实给大家"上了一课"。

（3）单身汉子忙"脱单"

过去，十八洞村是个穷乡僻壤的地方，男人娶媳妇自然成了难题。前几年，全村40岁以上的光棍就有38个，施全友就是其中之一。施全友父母生了三个儿子。前几年，两个哥哥勉强成家后，家里再也拿不出钱为他张罗娶媳妇了。

无奈之下，施全友只能外出打工。2010年，他在浙江结识了一起打工的重庆姑娘孔铭英。恋爱期间，因为担心女朋友看不上自家条件，施全友还特意耍了一个"小心眼"——等和孔铭英相处两年，有了一定的感情基础后，才将她领回十八洞村。但一入门，孔铭英还是被吓住了：堂屋地面坑坑洼洼，厨房看上去要垮塌，猪崽就睡在床铺下……

那次回去后，孔铭英冷淡了施全友，独自去了广东打工。眼看煮熟的鸭子就这样飞走了，施全友曾为此感到绝望。

2014年年初，县里扶贫工作队来到了十八洞村，和村民们一起改房、改厕、改圈、改浴，为村里铺上青石板路，建好停车场，修起游步道……仅一年时间，全村水、电、路等一系列基础设施很快得到全面改善，十八洞村的村容村貌焕然一新。

本来对自己"脱单"不抱过多期望的施全友，看到村里发展的美好前景，又重新点燃"脱单"的希望。他又耍了一个"小心眼"——将村里发生的变化拍成照片发给远在广东打工的孔铭英。看过照片，孔铭英开始半信半疑，最后决定还是再来十八洞村看看。一进十八洞村，孔铭英被村里的变化深深震撼了，坚定了与施全友在一起的决心。

2015 年元旦，两人高高兴兴地结了婚，43 岁的施全友终于成功"脱单"。一寨人聚在施全友家，按照苗家习俗抢喜糖，喝米酒，吃长龙宴，热闹了好几天，村里没有"脱单"的大龄青年，更是受到极大鼓舞。

随着十八洞村的名气越来越大，前来看风景、学经验的人越来越多，施全友抓住这一商机，办起了农家乐，一年下来能纯赚五六万元。最近，家里又添了一辆十余万元的小汽车。因为各大媒体对他们的竞相报道，夫妻俩还成了"明星"，好几家电视台来找他们录制节目。

回想起过去短暂离开施全友，孔铭英脸一红，显得不太好意思。她说："我当初一打听，村里人均不足八分地，考虑到一家人难以生存下来，就走了。现在，我想通了，有了党和政府的帮扶，加上自己的努力，一定可以脱贫致富！"

驻村扶贫工作队队长吴启斌表示，"实现了精准扶贫，让老百姓真正富起来，才是解决'脱单'问题的关键所在"。"口袋有钱了，房子修漂亮了，汉子们的胸膛挺起来了，找媳妇也就更加自信了。"

几年来，在各级党委、政府的领导下，十八洞村深入开展精准扶贫工作，各项事业得到长足发展，全村人均纯收入由 2013 年的 1668 元增加到 2015 年的 3580 元，减贫 61 户，269 人。目前，十八洞村已有 8 名大龄青年成功"脱单"，越来越多的外地"巧媳妇"都以嫁到十八洞村为荣。

十八洞村十余位苗族村民曾围坐在一起，柴火熊熊燃起，几口苞谷烧下肚，苗族妇女龙拔二便敞开了心扉，唱起了苗歌："总书记来十八洞，精准扶贫送春风。三年过去一转眼，苗寨如今换新颜。从前汉子单身苦，如今娶上巧媳妇……"苗家人唱苗歌不用写歌词，嗓子一扯开，全是苗家人的心声……

（二）　精准扶贫的经验与启示

摆脱贫困，向往富裕，是古往今来人类各民族的共性。邓小平曾说："社会主义要消灭贫穷。贫穷不是社会主义，更不是共产主义。"① "搞社会主义，一定要使生产力发达，贫穷不是社会主义。我们坚持社会主义，要建设对资本主义具有优越性的社会主义，首先必须摆脱贫穷。"② 1988年，他指出："社会主义的特点不是穷，而是富，但这种富是人民共同富裕。"③ 这些话语不仅说明了社会主义为什么要摆脱贫困，还全面、深刻、精辟地阐述了社会主义本质的内涵，明确了共同富裕是社会主义的根本目的，是社会主义的本质特点。正是为了实现共同富裕这一社会主义的根本目的，一代又一代中国共产党人进行了艰辛的探索和不懈的努力。

以习近平同志为核心的党中央，是中国新一代领导集体。他们"不忘初心，牢记使命"，继续率领全国各族人民为摆脱贫困、奔向全面小康而奋斗。正是基于这样的背景和前提，2013年11月3日，习近平总书记视察十八洞村做出了"实事求是、因地制宜、分类指导、精准扶贫"的重要指示。从此，一场具有划时代意义的精准扶贫和脱贫攻坚战在全国打响。这也表明，习近平总书记和党中央正以非凡的意志和智慧，带领着全国各族人民，展开了中国反贫困斗争伟大决战的新时代画卷，并为世界减贫贡献了中国智慧、提供了中国方案。

湘西各级党政领导以及湘西广大人民群众，牢记习总书记殷切嘱托，按照中央决策和省委部署，坚持把脱贫攻坚作为头

---

① 《邓小平思想年谱（1975—1997）》，中央文献出版社1998年版，第288页。

② 同上书，第384页。

③ 同上书，第403页。

等大事和第一民生来抓，全力推进精准扶贫和脱贫攻坚的"十项工程"，以决战决胜之势打赢打好精准脱贫攻坚战。坚持把精准精细要求落到实处，在"扶持谁""谁来扶""怎么扶""如何退"上下实功，做到对症下药、精准滴灌、靶向治疗，探索出了多渠道、多元化的精准扶贫路径。

湘西坚持把用心用情用力贯穿始终，形成了"四级书记带头抓、全州上下齐心干、社会各界同参与"的合力攻坚大格局，贫困村、贫困户实现结对帮扶全覆盖，驻村扶贫工作队认真落实责任、落实政策、落实工作，既授人以鱼，又授人以渔，增强了贫困村和贫困群众自我发展能力。坚持把夯实基层基础作为重点，加强村级组织建设，选好书记、配强班子，逐年提高村干部待遇，发展村级集体经济，提高了村级组织为群众办实事的能力水平。

1. 湘西精准扶贫的经验①

自从精准扶贫和脱贫攻坚战打响后，湘西州进入了减贫人口最多、农村面貌变化最大、群众增收最快的时期，比历史上任何时期都更接近实现全面小康的梦想，已成为全国脱贫攻坚的聚焦点。在此过程中，还形成了十八洞精准扶贫的宝贵经验。这些经验受到了湖南省和全国的重视，并开始向全国进行推广，或是为其他地方所借鉴。

湘西州脱贫攻坚取得的成就，是贯彻和践行习近平新时代中国特色社会主义思想、攻克贫困堡垒取得决定性胜利的一个生动和鲜活的缩影，得益于把习近平关于精准扶贫重要指示体现在责任落实、政策落实、工作落实之中，坚持专项、行业、社会"三位一体"大扶贫格局，动员和凝聚全社会力量广泛参与、形成合力；得益于坚持以人民为中心的发展思想，践行全

---

① 参考湘西州委书记叶红专介绍的湘西精准扶贫经验。

心全意为人民服务的根本宗旨，强化内因根本作用，建强基层党支部，有力推动了"作风在一线改进、情况在一线了解、问题在一线解决、感情在一线连接"；得益于把人民对美好生活的向往作为奋斗目标，按照高质量发展要求，以市场为导向，因地制宜找准产业发展的突破口和着力点，走特色产业发展之路，帮助群众持续稳定增收；得益于弘扬中华民族优秀传统美德，培养形成了村风祥和、民风淳朴、家庭和睦、邻里团结的和谐氛围，赢得了社会各界的广泛认同和鼎力支持。归纳起来，湘西州精准扶贫的主要经验至少有以下几点。

一是始终牢记习近平总书记的殷切嘱托，提高政治站位。以政治忠诚引领脱贫攻坚深入推进，注重学深悟透习近平总书记关于精准扶贫等扶贫工作理念，深刻领会"五级书记抓扶贫"的着力点、精准扶贫基本方略的实践要领、构建大扶贫格局的推进举措、激发内生动力的有效办法、加强扶贫领域作风建设的具体要求，及时纠正思想和行为偏差，有力保证了脱贫攻坚责任落实、政策落实、工作落实，全州减贫人口之多、群众增收之快、脱贫基础之实、农村面貌变化之大前所未有，以强有力的工作执行力彰显了政治担当。

二是始终强化党委领导，压实四级责任。湘西连续7年出台精准扶贫工作的州委1号文件，不断完善脱贫攻坚目标、责任、政策、投入、考核和监督体系，做到帮扶精准、增收稳定、保障到位、脱贫真实、群众满意。推行"州级领导联县包乡、县级领导联乡包村""州县市单位包村、党员干部结对帮户"等制度，落实脱贫帮扶一月一走访、问题一月一清零、情况一月一报告的"三个一"制度，推动领导精力更集中、乡镇责任更明确、部门作为更积极、驻村队员更尽职、村组干部更细心、群众脱贫更主动，形成了州县乡村四级书记带头抓、全州上下齐心干、社会各界同参与的脱贫攻坚大格局。

三是始终坚持分类指导，实施"十项工程"。着力推进发展生产脱贫、乡村旅游脱贫、转移就业、易地搬迁脱贫、教育发展脱贫、医疗救助帮扶、生态补偿脱贫、社会保障兜底、基础设施配套和公共服务保障等精准扶贫脱贫"十项工程",下足绣花功夫开展脱贫攻坚问题以户清零、以村清零、以事清零"三大清零"行动,逐个攻克深度贫困堡垒,贫困群众"两不愁"质量水平明显提升,"三保障"突出问题总体解决。特别是50多万贫困人口与新型经营主体形成利益联结,2/3以上贫困人口通过产业发展实现增收脱贫,转移就业带动6.5万户贫困家庭收入达到或超过脱贫线,工资性收入和生产经营性收入占比上升,转移性收入占比逐年下降,自主脱贫能力稳步提高。

四是始终突出精准发力,促进"五个结合"。着力提升治贫能力和成效,扭转了贫困人口徘徊在65万人减不下去的困境。在扶贫动态管理上注重公开透明与群众认可相结合,做到应进则进、应出则出;在内生动力激发上注重典型引路与正向激励相结合,真正让贫困群众想脱贫、敢脱贫、能脱贫;在发展扶贫产业上注重统筹布局与因地制宜相结合,扎实做好兴产业、增就业、置家业"三业"增收文章,发展小养殖、小庭院、小作坊、小买卖"四小经济",让每个贫困村有一个以上当家产业、每个贫困户有一个以上增收项目,每个有劳动力的贫困家庭至少一人有稳定的工资性收入;在基础设施建设上注重留住乡愁与实用美观相结合,真正让农村既有美丽又有乡味;攻坚力量统筹上注重将基层党组织堡垒作用与党员干部先锋作用相结合,大力推行"党建引领、互助五兴"基层治理模式,不断增强农村基层党组织的战斗力。

五是始终注重脱贫质量,做到"四防两严"。着力防庸、防急、防散、防虚,严格扶贫对象动态管理、项目资金管理,严肃群众纪律、工作纪律和财经纪律,确保实干实效。建立扶贫资源整合投入有效机制,确保所有产业发展、公共服务和基础设施等扶贫项目精准落实到村。建立风险防范机制,注重防范产业扶贫失败、易地扶贫搬迁稳不住、已脱贫人口返贫、扶贫项目工程质量安全和资金使用、信访问题带来不稳定"五个风险"，竭尽全力把短板补得再扎实一些，把基础打得再牢靠一些，确保"脱真贫、真脱贫"。建立扶贫领域作风问题系统化治理机制，着力解决扶贫领域的腐败及作风问题。建立问题整改常态化机制，对上级交办、自查发现和群众反映的问题及时改、全面改，不断提高群众满意度。

2. 湘西精准扶贫的启示

同样，湘西脱贫攻坚取得的举世瞩目的成就，特别是在精准扶贫方面的实践和经验等，对于湖南省和全国，乃至世界其他国家和地区，尤其是那些现在仍然较为贫困，或是处于较低发展水平的国家和地区，也都具有某种启示。它们极具中国特色，是中国为世界减贫事业贡献中国智慧、提供中国方案的体现之一。

首先，打赢打好脱贫攻坚战，思想认识是第一位的。习总书记提出的关于精准扶贫的理念，是马克思主义反贫困理论的最新成果，是习近平新时代中国特色社会主义思想的重要组成部分，既是方向指南，又是方法指导，是打赢打好脱贫攻坚战的根本遵循。把习总书记关于精准扶贫的理念作为攻克贫困堡垒的制胜法宝，坚持用心用脑学、深入系统学、融会贯通学，切实树牢"四个意识"、践行"两个维护"，从政治担当上、为民情怀上、工作作风上向总书记看齐。认真领会贯穿其中的坚定执政初心和鲜明人民立场，深入理解贯穿其中的正确认识论和科学方法论，把精准基本方略体现到工作谋划、对象识别、政策落实、项目推进、作风保障等方面，做到不好高骛远、不栽"盆景"、不搭"风景"。注重提高战略思维能力，按照"区域发展带动脱贫攻坚，脱贫攻坚促进区域发展"基本思路，把脱贫攻坚放在区域发展大格局中推进，通过"产业四区""四宜城镇""美丽湘西"和重点经济区带动脱贫攻坚，为推动高质量发展和更高层次跨越打好基础。

其次，提升精准扶贫脱贫的质量水平，需要围绕精准精细发力。湘西州坚持精准扶贫、精准脱贫基本方略，把推进精准扶贫脱贫"十项工程"作为重要抓手，着力在贫困户增收上下功夫，做好兴产业、置家业、增就业"三业"文章，发展小养殖、小庭院、小作坊、小买卖"四小经济"，搞好劳务培训、对口输出，增加贫困户股金、薪金、租金收入，抓实社会保障兜底工作，织牢社保兜底网，确保脱贫攻坚不留"锅底"，确保扶贫扶到"点子上""根子上"、扶到老百姓的心坎上。坚持不懈抓重点、补短板、强弱项，结合乡村振兴战略，有什么问题就解决什么问题、什么问题突出就重点解决什么问题，加快补齐公共服务、基础设施等短板，统筹好"后三年"和"三年后"的工作，推进脱贫攻坚和脱贫巩固"两手抓""两手硬"。坚持实事求是、把准节奏，既不降低标准、影响质量，也不放慢进度、影响脱贫，注重防庸、防急、防散、防虚，严格扶贫对象动态管理、项目资金管理，严肃群众工作、转变作风、廉洁扶贫纪律，确保脱贫攻坚工作务实、过程扎实、结果真实。

再次，集中优势啃下硬骨头，汇聚精准扶贫脱贫的内力合力。扶贫开发是全党全社会的共同责任，要动员和凝聚全社会力量广泛参与。湘西坚持以脱贫攻坚统揽经济社会发展全局，建立健全脱贫攻坚政策体系、责任体系、制度体系、工作体系和社会动员体系，形成所有工作向脱贫攻坚聚焦、所有资源向脱贫攻坚聚集、所有力量向脱贫攻坚聚合的格局，组织农技、医务、教师"三支队伍"下乡开展脱贫服务，推动各级领导精力更集中、乡镇责任更明确、部门作为更积极、驻村队员更尽职、村组干部更细心、群众脱贫更主动。坚持扶贫必扶志、扶智，做好贫困群众的宣传、教育、培训、组织等工作，防止政策养懒汉、助长不劳而获和"等靠要"等不良习气，深入推进抓党建促脱贫攻坚，全面强化农村基层党组织领导核心地位，打造一支永远带不走的"工作队"。积极用好山东省济南市扶贫协作、省辖6市和国家部委、中央企业结对帮扶政策，加强在产业合作、劳务协作、人才支援、资金支持、社会参与等方面的对接，动员方方面面力量广泛参与扶贫事业，不断壮大扶贫力量。

最后，持续推进作风大转变，确保精准扶贫脱贫的最大实效。作风问题关系党和政府的形象和生命，关系脱贫攻坚成败。打赢打好脱贫攻坚战，必须打赢打好作风攻坚战。按照习总书记"阳光扶贫、廉洁扶贫"的指示，把作风建设贯穿脱贫攻坚全过程，大力发扬调查研究、连续作战的优良作风，把工作重心沉到村、沉到户、沉到人，始终同贫困群众想在一起、干在一起，提升做好群众工作的本领。优化简化考评办法，精简会议文件和填表报数，减轻基层工作负担，让基层党员干部把更多精力和时间放在办实事、解难题上，既集中力量解决好扶贫领域责任落实不到位、措施不精准、资金使用不规范、工作作风不扎实等问题，又坚持严管厚爱结合、激励约束并重，让有为者有位、吃苦者吃香，提振干部和各类扶贫工作人员的精气神。严格执行帮扶一月一走访、问题一月一清零、情况一月一报告"三个一"制度，着力解决形式主义、官僚主义和不担当不作为等作风问题，坚决查处扶贫领域弄虚作假、贪污挪用、"雁过拔毛"等腐败行为，以作风攻坚促进脱贫攻坚。

六 湘西脱贫攻坚的未来

虽然湘西现已摘掉了贫困帽子，实现了脱贫梦想，但同时应认识到扶贫脱贫工作仍存在尚待解决的问题，脱贫攻坚不能停顿前进的步伐。坚持摘帽不摘责任、摘帽不摘政策、摘帽不摘帮扶、摘帽不摘监管，湘西要乘胜追击，乘势而为，不断扩大、优化和发展已有成果。

根据面临的形势、机遇和挑战，特别是自身实际情况，湘西州制定了未来脱贫攻坚的基本思路、工作任务和主要措施。

（一）尚存问题及原因分析

1. 尚存问题

（1）脱贫程度不平衡，与全省的平均水平及周边地区的差距较大

2019 年全省 51 个贫困县全部脱贫摘帽以后，贫困发生率降至 0.48%，湘西州为 0.65%，比全省平均水平高 0.17 个百分点。分县市看，只有吉首市、保靖县、花垣县、泸溪县的贫困发生率低于全州平均水平，永顺县、凤凰县、龙山县和古丈县分别比全州平均水平高 0.01 个、0.11 个、0.13 个和 0.14 个百分点。

（2）贫困面广，脱贫情况还比较脆弱

湘西州共有 1813 个行政村（社区），有贫困人口的达到

1740个，占比95.97%；其中贫困村1110个、非贫困村630个。从剩余贫困人口的分布看，贫困村人数占58.1%，非贫困村占41.9%。尤其值得重视的是，因病、缺劳力和因残是这些未脱贫人口最主要的致贫原因，分别占53.28%、43.96%和41.26%。因此，巩固提升脱贫攻坚成果，一方面要以1110个贫困村为重点，以其中的268个深度贫困村为难点，针对致贫和返贫的主要风险精准施策；另一方面也必须关注其余630个有贫困人口的非贫困村，尤其是其中非贫困人口占比较高的非贫困村。

同时，即使按照人均可支配收入4000元的标准，湘西州仍有脱贫不稳定户4393户，14927人，分别占建档立卡贫困户的2.66%和2.27%；有边缘户5670户，15132人。按照《国务院扶贫开发领导小组关于建立防止返贫监测和帮扶机制的指导意见》（国开发〔2020〕6号），应将"人均可支配收入低于国家扶贫标准1.5倍左右的家庭"（包括脱贫不稳定户和边缘户）纳入监测范围。显然，这将大幅度提高湘西州脱贫户和边缘户的数量（按照指导意见，深度贫困地区不超过建档立卡人口数量的10%）。

此外，我国现行的贫困线标准还比较低（2019年为3700元，2020年提高到4000元），而2019年全国、全省和湘西州农村人均可支配收入分别为16021元、15395元和10046元，分别仅相当于2019年全国、全省和湘西州农村人均收入水平的23.09%、24.03%和36.83%。较低的贫困线导致脱贫户和部分边缘户一旦遭遇突发的意外事故、自然灾害或者突发重病就可能陷入生活困境，加上因学等刚性支出较大，返贫、致贫风险较大。从2019年脱贫不稳定户的返贫风险看，排在第一位的是因大病返贫，占比为38.82%，第二位的因残返贫占比为22.11%。从2018年的返贫户分析，有超过52.7%是因病返贫；在2019年的边缘户中，有34.23%的家庭因为大病致贫、

16.9%的家庭因残致贫。

（3）扶贫产业规模较小，各县市特色产业产业链条短、同质性高，具有潜在市场风险

虽然湘西州已经形成茶叶、油茶、柑橘、猕猴桃、中药材（杜仲、百合）、烟叶、蔬菜和特色养殖（黑猪、黄牛）8大成熟特色产业，但各县市的特色产业产业链条短、同质性较高，因而产业发展水平较低。突出表现在农产品加工企业数量少、规模小（2019年农产品加工企业仅938家），产品深加工比例低。大部分农产品如椪柑、猕猴桃、百合等主要靠卖鲜果，不仅销售半径小、受市场波动影响大，而且增值低，很容易导致"谷贱伤农"的局面。同时，随着国家相关法律和政策的调整，特种养殖业的法律和政策风险不断增加。如按照2020年2月24日全国人大常委会第十六次会议表决通过《全国人大常委会关于全面禁止非法野生动物交易、革除滥食野生动物陋习、切实保障人民群众生命健康安全的决定》的要求，未来，我国将全面禁止食用国家保护的"有重要生态、科学、社会价值的陆生野生动物"，以及其他陆生野生动物，包括人工繁育、人工饲养的陆生野生动物。而竹鼠、大鲵、黑斑蛙、石蛙、野猪、豪猪、蛇等特种养殖在湘西州农村已经形成了较大的产业规模，如果法律禁止相关的产品销售和食用，势必造成相关贫困户的巨大损失，也将带来严峻的产业转型问题。

（4）就业稳定性不高，稳定增收的任务还十分艰巨

从2019年的脱贫户收入情况看，工资性收入户均达到24643.26元，占比68.43%。但是，由于脱贫户的受教育水平和劳动技能的限制，就业人口的收入较低且不够稳定。建档立卡贫困户就业的主要形式是外出务工，2019年外出务工人员为101577人，占全部就业人数的43.3%，扶贫车间的就业人数仅为2384人；在全部已就业人数中，灵活就业的比重达55.04%，说明就业稳定性不高。一个不容忽视的现象是，因失业致贫、

返贫的风险在不断提高。在 2019 年脱贫不稳定户中，有 11.77% 的脱贫户因失业返贫，预计 2020 年由于新冠肺炎疫情的影响，农村外出务工人员的失业率可能更高。在脱贫户的收入来源中，有相当一部分的收入来源于转移性收入（户均 7999.84 元，占比 22.21%）。

（5）贫困人口的"三保障"水平有待进一步提高

从医疗保障水平看，全省 51 个贫困县的建档立卡贫困户县域内住院主要综合报销比例为 89.74%，而湘西州由于财力的限制，报销比例只有 85%，相差近 5 个百分点；2019 年出列的贫困村中，千人执业（助理）医师数（人）平均只有 0.47 人。2019 年的脱贫户中，无卫生厕所的户数达到 25.42%；2019 年出列的贫困村中，只有 20.53% 的贫困户开通了宽带，仍有 717 户未实现安全饮水，647 户饮水困难，250 个自然村未通生产用电。2018 年农村收养性福利机构仅 157 个，床位数 6850 个。

2. 问题原因分析

（1）经济总量小，与全国、全省及周边地区差距大

湘西州面积为 15470 平方公里，占全省的 7.3%；2019 年常住人口 263.83 万人，占全省的 3.8%，但地区生产总值只占全省的 1.78%。2019 年，从 GDP 增长速度看，全国为 6.1%、湖南省 7.6%、怀化市 8.0%、张家界市 7.6%、铜仁市 8.5%、恩施州 7.0%，湘西州仅高于恩施州，比 2015 年下降 2.0 个百分点；2015 年到 2019 年，湘西州人均 GDP 与全省水平的差距由 23490 元扩大到 30849 元，农民人均可支配收入的差距由 4345 元扩大到 5349 元。

（2）地方财力弱，对财政转移支付依赖程度高

2015—2019 年湘西州的地方财政收入分别为 46.1 亿元、51.02 亿元、54.9 亿元、59.7 亿元和 64.13 亿元，年均增长 9.6%；财政支出分别为 244.9 亿元、269.7 亿元、298.7 亿元、

329.0亿元和351.67亿元，年均增长9.9%；收支缺口分别达到198.8亿元、218.68亿元、243.8亿元、269.3亿元和287.54亿元。2019年湘西州扶贫专项资金到账19.9亿元，其中中央资金11.4亿元、省级资金8.3亿元，州本级资金仅1950万元。

（3）国家对脱贫质量的要求和贫困户自身的要求不断提高

一方面，尽管我国的贫困线标准还比较低，但每年增长幅度比较大。2017年3200元、2018年3400元、2019年3700元，2020年提高到4000元，年均增速接近10%，高于同期农村居民人均可支配收入的增长速度。因此，要保证已脱贫人口收入的稳定增长且达到贫困线标准的提高幅度，难度较大。另一方面，随着收入水平的提高，人们对生活质量的要求也不断提高，这不仅导致要进一步提高对教育保障、医疗保障、住房安全和饮水安全保障的质量和水平，而且对基层公共服务能力、村组道路质量、通信网络设施、农村环境美化等方面的要求也不断提高。

（4）建档立卡贫困人口的内生发展动力有待进一步激发

发展是硬道理，发展的根本途径在于激发脱贫人口的内生动力。但不容忽视的是，由于国家对贫困人口的各种优惠政策和补贴，使部分脱贫人口产生了对相关优惠政策和补贴的依赖，自身谋发展的动力不足。如湘西州在发展村集体经济的过程中，以财政资金作为贫困户的资本金入股合作社，并规定了最低分红水平，使得一些贫困户只享受分红而没有参与合作社的经营，没有真正通过劳动获得收入；强制规定合作社必须分红的政策，可能导致合作社面临经营风险，难以实现可持续发展——显然，这种对贫困户的补贴政策难以持续。按照习近平总书记2020年3月6日在决战决胜脱贫攻坚座谈会上的讲话精神，贫困县在脱贫摘帽后会有一个过渡期，"脱贫不脱政策、脱贫不脱帮扶"，但过渡期不可能很长，相关优惠政策的力度将不断弱化，扶贫将由攻坚战转为常态化。因此，扶志和扶智，仍然是"十四五"

时期巩固脱贫攻坚和实现乡村振兴的重要任务。

（二）湘西脱贫攻坚的未来

1. 未来湘西宏观发展机遇

（1）世界经济发展趋势

中国与世界经济的联系将更加紧密，尤其是与"一带一路"国家的联系将更加紧密；以人工智能、数字经济为代表的新经济将快速增长；产业转移和产业升级的速度将加快。

（2）中国经济发展趋势和"十四五"规划编制的指导思想

中国经济追求高质量发展，"十四五"规划编制提出的"补短板、促升级、增后劲、惠民生"指导思想对相对贫困地区在民生、基础设施等方面的投资和支持力度会加强。

国内产业升级和产业转移的速度更快，利用资源优势和环境优势可以承接相关的产业转移。

国家对集中连片贫困地区的扶持政策不会削弱。特别是对脱贫不稳定户和边缘户的社会保障力度将加强。

乡村振兴战略梯次推进。"十四五"期间对贫困地区的要求核心仍然是补短板、促升级，夯实乡村振兴的基础。

绿色发展理念和农村三产融合战略，将有利于发展生态农业、生态旅游和特色小城镇。

（3）湖南省"十四五"发展战略

聚焦高质量发展，围绕补短板、强弱项、提质量，更为重视影响深远、带动支撑作用强的基础设施、公共服务、生态环保、产业发展和民生改善等重大项目。

更加关注区域的协调发展问题。将加大对相对贫困地区的基础设施、民生事业和生态环境保护方面的投资，促进和引导相关产业的转移，如承接粤港澳的产业转移。对接粤港澳大湾区和承接产业转移将给相对贫困地区（湘西）发展生态旅游、康养产业、中医药产业、现代农业等以生态资源和农业资源为基础的产业带来巨大机遇。

支持建立解决相对贫困的长效机制。政策方面——财税政策、金融政策、产业政策、人才政策等进一步向相对贫困地区倾斜，特别是产业扶持力度将加强。

脱贫攻坚与乡村振兴的衔接方面，重点仍然在巩固提升脱贫攻坚成果，但将规划启动乡村振兴战略。因此，将加强对相对贫困人口的监测和干预，更加重视社会保障水平的提高。

2. 未来湘西发展面临的挑战

（1）世界政治、经济发展趋势的挑战

世界政治格局发生深刻变化，特别是由于世界经济不景气，各国国内民族主义思潮不断上升，一些国家的国内政治环境可能发生动荡，甚至发生地区性的政治冲突。

世界经济发展比较脆弱，更容易受到特殊事件的冲击。

中国经济发展的外部环境可能更加复杂。世界经济不景气和贸易保护主义的加强，将导致中国对外贸易尤其是出口困难增加。

产业转移和产业升级的过程中，中国的相关产业可能会加速向其他发展中国家转移。

（2）国内政治、经济环境的挑战

经济增长的困难增多，经济增长速度进一步下降。

区域中心发展战略更加凸显，生产要素加速向中心城市集中，相对贫困地区可能更加被边缘化。

产业升级和劳动密集型产业向境外转移，对提升劳动力的就业技能提出挑战。

产业过剩和产业竞争的态势将更为凸显，选择合适的特色产业、延长产业链、提升产业竞争力将更为重要。

国家相关法律法规和政策的调整。特别是环境保护、资源开发和野生动植物保护等方面的法律规定日益严格，政策口子不断收紧，这给发展相关产业带来严峻挑战。

（3）湖南省未来发展环境的挑战

相对贫困地区生产要素的流失可能更为严重。湖南的定位是"一带一部"和对接国家大湾区发展战略，因此发展的战略重心仍然是湘江经济带和环洞庭湖经济圈，这必然导致技术、资金、人才等优势资源向优先发展地区聚集，而随着湘西高铁融入到全省高铁网络之中，人才、资金等生产要素资源的流失可能更为严重。

财政转移支付的力度可能相对下降。经济增长速度的下降和地方财政收入的减少，将弱化省级财政对相对贫困地区的支持力度。尤其是扶贫常态化以后，大规模的财政专项扶贫资金将减少，产业发展更多的只有支持性政策而难以获得直接的资金支持。

地区之间的竞争将更加激烈。相对贫困地区将围绕政策、资金、项目、人才等优势生产要素展开更为激烈的竞争。

农村人口流失和人口老龄化的挑战。2019 年湘西州常住人口比 2018 年减少了 1.12 万人，其中农村常住人口减少更多，达到 3.8 万人，减少了 2.68%，而城镇化率只增长了 1.21 个百分点，净流失率（农村常住人口下降率与城镇化增长率之差）达到 1.47%（2019 年与 2015 年相比，净流失率达到 4.46%），说明农村人口流失比较严重；同时，人口的老龄化趋势加速发展，2019 年湖南省 65 岁及以上的人口比重已经达到 13.34%，进入老龄化社会。

3. 未来湘西扶贫攻坚总体思路①

根据面临的形势、机遇和挑战，特别是自身实际情况，湘

---

① 参考湘西州扶贫办档案材料。

西州制定了未来脱贫攻坚的基本思路、工作任务和主要措施。

湘西将以习近平新时代中国特色社会主义思想特别是精准脱贫和推进全面脱贫与乡村振兴有效衔接的一系列理念为指导，全面贯彻落实党的十九大和十九届二中、三中、四中全会精神，认真落实党中央、国务院决策部署，紧紧围绕统筹推进"五位一体"① 总体布局和协调推进"四个全面"② 战略布局，落实高质量发展要求，以巩固提升脱贫攻坚成果为总抓手，以贫困村为主战场，以解决相对贫困问题为主攻方向，以提升"五个一批"质量为基本内涵，着眼建立解决相对贫困的长效机制，全面提升湘西州贫困农村的发展能力，并适时启动乡村振兴战略的实施。

基本原则上，坚持"四不摘"③，保持扶贫政策、扶贫队伍、扶贫举措的持续稳定，对现有脱贫攻坚平台扩面增容，稳步推进精准脱贫与乡村振兴有效衔接。

坚持以巩固脱贫攻坚成果为重点。建立和完善相对贫困群体的监测和评估制度，动态调整和优化相对贫困标准、指标体系，细化对边缘户、脱贫不稳定户的支持措施，化解致贫、返贫风险。

坚持因地制宜、分类推进。围绕解决全局性、普遍性的短板和问题，统筹设计和制定相关扶持政策，又要因地、因村、因人精准施策，对不同发展水平的乡村分类推进。允许发展基础较好的有脱贫不稳定户和边缘户的非贫困村和贫困村先行探索乡村振兴的有效路径，在脱贫攻坚成果有效巩固提升的基础

---

① "五位一体"总体布局是指经济建设、政治建设、文化建设、社会建设和生态文明建设五位一体，全面推进。

② "四个全面"，即全面建成小康社会、全面深化改革、全面依法治国、全面从严治党。

③ "四不摘"指摘帽不摘责任、摘帽不摘政策、摘帽不摘帮扶、摘帽不摘监管。

上，适时整体启动乡村振兴战略。

坚持标本兼治、长短结合。继续推进和深化"十项工程"，以巩固、发展带贫产业和加强培训与转移就业为重点，从根本上解决相对贫困群体收入增长缓慢和自我发展能力不足的问题；逐步提高相对贫困群体的社会保障水平，筑牢、织密社会兜底网络；以改善贫困村发展条件为突破口，着力建立保障稳定脱贫和衔接乡村振兴的体制机制和制度、组织体系。

按照提升"五个一批"质量的要求，有效对接乡村振兴中的"产业兴旺、生态宜居、乡风文明、治理有效、生活富裕"五大目标，湘西州提出将未来五年划分为以下两个主要发展阶段。

脱贫攻坚巩固提升阶段（2021—2023 年）：从产业发展、稳定增收、三保障质量、贫困村和有脱贫户的非贫困村公共服务能力和乡村治理五个方面提出具体目标，从而为实施乡村振兴战略夯实基础。

乡村振兴整体启动阶段（2024—2025 年）：围绕乡村振兴的五大目标，根据湘西州贫困村和有脱贫户的非贫困村发展的实际，进一步强化在产业发展、稳定增收、三保障质量、贫困村和非贫困村公共服务能力和乡村治理五个方面的要求，提出具体的发展目标，从而为湘西州深入推进乡村振兴战略做好开篇布局。

（1）脱贫攻坚巩固提升阶段（2021—2023 年）主要目标

①产业发展（预期性指标）

特色产业发展规模：贫困村，特色种植业——村均种植面积达到 1000 亩，销售收入 50 万元以上；特色养殖业——产值达到 80 万元，销售收入达到 50 万元。有脱贫户的非贫困村（以下简称非贫困村），种植业——村均种植面积达到 1200 亩，销售收入 60 万元以上；养殖业——产值达到 90 万元，销售收入达到 60 万元。

农产品加工产值与农业总产值比：贫困村村均 > 1.5；非贫困村村均 > 1.8。

乡村旅游发展：发展乡村旅游的贫困村达到 180 个，年旅游接待人次达到 300 万人次；发展乡村旅游的非贫困村达到 240 个，年旅游接待人次达到 500 万人次。

新型农业经营主体培育：到 2023 年，贫困村合作社村均达到 1.5 个，家庭农场村均 > 1.5 个；非贫困村合作社村均达到 2 个，家庭农场村均 > 2.5 个。

②稳定增收

收入水平（约束性指标）：年均增长 10% 以上，到 2023 年人均可支配收入达到 10000 元。

收入结构（预期性指标）：工资性收入占到 72%，经营净收入占到 8%；财产性净收入占到 2%，转移性收入不超过 18%。

③三保障质量（约束性指标）

义务教育：义务教育学校专任教师本科以上学历比例达到 60%。

基本医疗："四类人群"住院医疗费用报销比例达到 90%；贫困村千人执业（助理）医师数（人）达到 0.6 人，非贫困村达到 0.7 人。

住房安全：所有住房达到 B 级以上。

饮水安全：自来水普及率达到 90%。

④贫困村和有脱贫户的非贫困村公共服务能力（约束性指标）

生活垃圾处理：对生活垃圾进行集中处理的村占比达到 95%。

村庄绿化覆盖率：达到 30%。

农村卫生厕所普及率：贫困村 85%；非贫困村 90%。

村综合性文化服务中心覆盖率：100%。

⑤乡村治理

村集体经济（约束性指标）：贫困村村均达到 6 万元；非贫

困村村均达到 7.5 万元。

村党组书记兼任村委会主任的村占比：50%。

参加互助组的贫困户占比：贫困村达到 70%；非贫困村达到 75%。

建有综合服务站的村占比：贫困村达到 85%；非贫困村达到 90%。

（2）乡村振兴整体启动阶段（2024—2025 年）主要目标

①产业发展（预期性指标）

特色产业规模：种植业——村均特色产业种植面积达到 1500 亩，销售收入 80 万元以上；特色养殖业——产值达到 120 万元，销售收入达到 80 万元。

农产品加工产值与农业总产值比：贫困村 >2；非贫困村 >2.5。

乡村旅游发展：发展乡村旅游的贫困村达到 220 个，年旅游接待人次达到 480 万人次；发展乡村旅游的非贫困村达到 280 个，年旅游接待人次达到 600 万人次。

新型农业经营主体培育：贫困村合作社村均 2 个，家庭农场村均 >2.5 个；非贫困村合作社村均 2.5 个，家庭农场村均 >3 个。

②稳定增收

收入水平（约束性指标）：年均增长 8% 以上，到 2025 年人均可支配收入达到 12000 元。

收入结构（预期性指标）：工资性收入占到 72%，经营净收入占到 10%；财产性净收入占到 4%，转移性收入不超过 14%。

③三保障质量（约束性指标）

义务教育：义务教育学校专任教师本科以上学历比例达到 80%。

基本医疗："四类人群"住院医疗费用报销比例达到 95%；贫困村千人执业（助理）医师数（人）达到 0.8 人；非贫困村

达到0.9人。

住房安全：所有住房达到B级以上。

饮水安全：自来水普及率达到92%。

④贫困村和非贫困村公共服务能力（约束性指标）

生活垃圾处理：对生活垃圾进行集中处理的村占比达到100%。

村庄绿化覆盖率：达到32%。

卫生厕所普及率：达到100%。

村综合性文化服务中心覆盖率：达到100%。

⑤乡村治理

村集体经济（约束性指标）：村均达到8万元。

村党组书记兼任村委会主任的村占比：达到60%。

参加互助组的贫困户占比：贫困村达到75%；非贫困村达到80%。

建有综合服务站的村占比：贫困村达到90%；非贫困村达到95%。

4. 未来湘西扶贫攻坚主要任务

脱贫攻坚巩固提升阶段，按照"四不摘"要求，围绕巩固提升脱贫攻坚成果、夯实乡村振兴基础这个总目标，进一步深化"五个一批"内涵，持续推进"十项工程"，初步建立消除相对贫困的长效机制，不断缩小与全国、全省平均水平的差距。

乡村振兴整体启动阶段，进一步完善消除相对贫困的长效机制，适时启动乡村振兴工程，全面对接湘西州乡村振兴战略。

脱贫攻坚巩固提升阶段

（1）巩固脱贫攻坚成果

建立和完善脱贫不稳定户、边缘户的监测体系，精准识别相对贫困人口对象和数量；继续推进发展生产脱贫工程、乡村旅游脱贫工程、转移就业脱贫工程，建立相对贫困人口稳定的就业收入保障机制，化解致贫、返贫风险；完善易地搬迁脱贫工程、生态补偿脱贫工程相关措施，改善易地搬迁户的生产、生活条件，提高生态补偿标准；提高教育发展脱贫工程质量，特别是义务教育、职业教育质量；提升医疗救助帮扶工程质量，特别是贫困村慢性病服务质量和应对公共卫生事件能力；提高社会保障兜底工程质量，建立和完善最低生活保障制度和以临时救助、救灾等为主的兜底保障机制。

深化基础设施配套工程和公共服务保障工程内涵。提高贫困村"四好公路"① 水平，全面完成贫困村和非贫困村乡道的窄改宽任务；加快网络基础设施建设特别是 5G 设施建设；加大对环境治理、文化服务等公共基础设施的建设，进一步改善贫困村和有贫困人口的非贫困村的发展条件。

（2）减少相对贫困

建立对相对贫困人口的致贫、返贫风险评估和预警指标体系，加强对相关风险的干预；加强贫困户和边缘户技能培训，提高低收入群体的自我发展能力；提高社会保障标准，基本消除因病、因灾、因学致贫、返贫风险；大力发展带贫效果显著的特色产业和乡村旅游业，提高农业现代化水平，推进三产融合和特色小城镇建设，增加相对贫困人群的工资性收入和经营性收入；加大贫困村专业合作社和农村新型经营主体的培育力度，支持合作社和新型经营主体带动低收入人口共同发展。

（3）缩小发展差距

产业发展方面提高特色产业的规模化、专业化、机械化、

---

① "四好农村路"是中共中央总书记、国家主席、中国共产党中央军事委员会主席习近平于 2014 年 3 月 4 日提出的。习近平指出："要求农村公路建设要因地制宜、以人为本，与优化村镇布局、农村经济发展和广大农民安全便捷出行相适应，要进一步把农村公路建好、管好、护好、运营好，逐步消除制约农村发展的交通瓶颈，为广大农民脱贫致富奔小康提供更好的保障。"

品牌化发展水平，提高农产品加工能力。公共服务基础设施建设方面加大对贫困村垃圾处理、污水处理、信息服务等公共设施的建设，提高贫困村医疗机构的服务能力。进一步改善贫困村生态环境，提高农村文化事业发展水平，为发展乡村旅游创造更好条件。

（4）初步建立消除相对贫困的长效机制

建立和完善相对贫困的监测、评估标准体系和相对贫困标准的动态调整机制，建立致贫、返贫预警体系，精准识别相对贫困人口和致贫、返贫风险。通过财政奖励等有效措施奖励发达地区、有实力的企业继续对口帮扶贫困村和相对贫困人口。建立稳定的干部、人才支持机制，贫困村第一支书制度化、常态化，鼓励优秀人才到贫困村带领村民发展经济和各项事业。在"一县一特"的基础上，着力形成"一特一片"，延长特色产业的产业链，培育特色产业区。

（5）为实施乡村振兴进一步夯实基础

产业发展方面，进一步增强贫困村的产业基础，特色产业形成一定规模，市场竞争力不断提高；生态宜居方面，不断增强农村环境保护和生态修复力度，进一步改善生态环境；乡风文明方面，建成完善的农村文化设施，传统文化民俗得到有效保护、传承和发展；治理有效方面，加强贫困村基层组织建设，强化互助合作，完善农村现代治理体系；生活富裕方面，持续改善消费环境，稳步提高相对贫困人口的消费能力和消费水平。

整体启动乡村振兴阶段

在"一县一特"的基础上，初步建成"一特一片"，延长产业链，提高优势特色农产品的加工水平，建成5—7个具有较高市场竞争力的农产品公共品牌；提升特色产业和乡村旅游发展的基础设施水平，如在连接乡村旅游集散地的县道应布局充电桩、加快农业物联网基础设施建设；进一步优化生态环境，加大美丽乡村建设力度；提升农村文化设施服务功能，强化传统文化民俗的传承和发展；进一步加强贫困村基层组织建设，深化互助合作内容，初步建成农村现代治理体系；不断提高相对贫困人口的消费能力，稳步推进城乡融合发展。

5. 未来湘西扶贫攻坚重大举措

围绕巩固提升脱贫攻坚成果和适时整体启动乡村振兴战略的总体要求，为了实现"十四五"时期提出的各项发展目标，湘西提出以下重大举措。

（1）探索建立解决相对贫困问题的长效机制

建立和完善对边缘户、脱贫不稳定户的监测体系，精准识别相对贫困人口。

建立和完善最低生活保障制度和临时救助、救灾等为主的兜底保障机制。

加大对贫困村环境治理、生态修复和公共服务基础设施的投资建设，进一步改善贫困发展条件。

根据相对贫困人口的比例实施专项政策和资金帮扶，建立对贫困村财政扶持的稳定机制。

继续坚持并完善已有的驻村扶贫干部、第一支书等扶贫组织架构，定期进行干部轮岗，加强对贫困村发展的领导力量和人才支持。

（2）大力发展带贫效果显著的特色产业，提高特色产业的市场竞争力

继续加强财政对贫困村产业发展的资金支持力度。设立产业发展基金，引导贫困村与相关企业开展产业链合作；加大对新型经营主体发展和低收入群体自主创业的奖励、扶持力度；继续鼓励、支持企业到贫困村建立扶贫车间。

提升贫困村发展特色产业的基础条件。包括：改善特色产业基地的交通条件，在中心镇、村建立公共物流中心和集配中

心，改善农产品加工企业的用电、用水、网络等基础设施，加大对贫困村产业发展的金融支持力度。

加强贫困村特色产业发展领军人才的培养和支持力度。制订和实施农村特色产业发展领军人才培养计划，加强种养技术和经营管理等专业培训，奖励优秀人才到贫困村和有边缘户、脱贫不稳定户的非贫困村创业和创办家庭农场、加工企业、农业现代服务业企业，推动小农户与现代农业的深度融合。

加强对农村特色产业发展的规划与引导。建立面向贫困村的公共技术服务和技术转让平台，加强数字农村建设，促进特色产业与市场有效对接，大力实施科技强农和品牌兴农。

（3）进一步拓展相对贫困人口的转移就业渠道

积极与企业、市场对接，开展就业技能培训。在每个县至少建立一个多功能的就业技能培训中心，为脱贫户和边缘户劳动力提供包括理论培训、实践操作、岗前指导、供求对接的全方位服务。

进一步优化发达地区、大型企业与贫困村的对口帮扶制度，通过设立企业专岗等形式吸纳农村相对贫困人口就业。

积极承接东部沿海地区的产业转移，建设专门的扶贫产业园，为相对贫困人口实现就近就业创造良好条件。

（4）加大对贫困村的生态补偿力度，提高补偿标准

特别是对生态功能显著的林地、湿地项目，建立受益地区与保护地区有偿交易的制度，促使受益地区付费。

（5）提高对相对贫困人口的社会保障水平

按照国家规定的标准（当年国家贫困线的1.5倍）确定监测对象，尤其是加强对相关风险的监控预警体系建设。

提高相对贫困家庭在义务教育、基本医疗、住房安全等方面的保障标准。

（6）进一步改善贫困村发展条件，提升公共服务能力

加大对贫困村基础设施建设特别是新基础设施建设的投入。

包括：5G 网络、物流中心、农村道路的窄改宽、旅游集散地道路的充电桩、农业物联网、数字农村等基础设施的建设。为贫困村发展智慧农业、开发乡村旅游、推进三产业融合进而推进产业兴旺夯实基础。

加大对农村环境保护和生态修复的投资力度。包括小流域治理、退耕还林、地质灾害隐患消除等，改善贫困村和有脱贫户、边缘户的非贫困村发展生产的条件，实现稳定脱贫。

加大对义务教育设施、医疗服务设施和农村市政基础设施的投资力度。包括对义务教育、医疗服务和市政基础设施的投资力度，着力改善贫困村的生活环境，提高民生服务能力。

加大提升公共服务能力的投资力度。对村级文化中心、图书室、村务中心等公共服务设施进行升级投资，同时配套建设网络服务、金融服务、安全服务等公共服务平台，从而提升乡风文明水平和乡村治理能力。

6. 相关保障措施

为实现规划提出的任务和目标，提高规划对"十四五"时期湘西州巩固脱贫攻坚成果相关工作的指导作用，湘西提出从以下三个方面建立强有力的保障。

（1）加强党的领导，建立强有力的组织机构体系

要加强各级党委的统一领导，要依托原有的脱贫攻坚组织机构体系（包括驻村干部等），按照"四不摘"要求，继续强化对贫困村发展的指导和扶持。

（2）强化要素保障，争取国家和省级政策、资金、人才支持

围绕巩固脱贫攻坚成果，夯实乡村振兴的基础来强化政策、资金、技术等要素保障，特别是要积极争取国家和省级扶持发展的特色政策和财政资金支持。

（3）坚持规划引领，注重与湘西州经济社会发展规划及乡村振兴规划有机衔接

强化规划的法律地位，真正做到一张蓝图干到底。尤其是要注重与国家《武陵山片区脱贫攻坚巩固提升与乡村振兴有效发展规划》和湖南省《巩固脱贫攻坚与乡村振兴发展规划》的有效衔接，要与湘西州经济社会发展规划、湘西州乡村振兴规划定位相协调。

结　语

　　2020 年 4 月，习近平总书记赴陕西考察时，指出"发展扶贫产业，重在群众受益，难在持续稳定。要延伸产业链条，提高抗风险能力，建立更加稳定的利益联结机制，确保贫困群众持续稳定增收"，强调"脱贫摘帽不是终点，而是新生活、新奋斗的起点"。① 总书记的指示对于全国的脱贫攻坚战具有非常重要的指导意义。

　　2020 年是中国全面建成小康社会目标实现之年，是全面打赢脱贫攻坚战收官之年。让贫困人口和贫困地区同全国一道进入全面小康社会是中国共产党向中国人民所做的庄严承诺，打赢脱贫攻坚战是中国发展必须完成的底线任务。

　　全面建成小康社会、全面打赢脱贫攻坚战，这将是中华民族几千年历史发展中首次整体消除绝对贫困。摆脱贫困，发展富强，实现中华民族的伟大复兴，是近代以来中华民族许多仁人志士的理想和愿望。中国民主革命的伟大先驱孙中山，以及其他爱国人士等，由于不能找到适合中国国情的救国道路，无法从根本上改变旧中国积贫积弱、普遍处于绝对贫困状态的现实。只有以马列主义、毛泽东思想武装的中国共产

---

　　① 《习近平在陕西考察时强调　扎实做好"六稳"工作落实"六保"任务　奋力谱写陕西新时代追赶超越新篇章》，新华网，http：// www. xinhuanet. com/politics/2020 – 04/23/c_ 1125896472. htm，2020 年 4 月 23 日。

党，才能带领中国人民救亡图存，开启中华民族伟大复兴的新征程。

中国共产党从成立之日起，就确立了全心全意为人民服务的目标。1949 年，中国共产党率领中国人民取得了新民主主义革命的胜利，建立了中华人民共和国和社会主义制度，为消除贫困奠定了制度基础。从 1978 年起，中国开始了改革开放进程。1984 年中共中央、国务院印发了《关于帮助贫困地区尽快改变面貌的通知》。1986 年，国务院贫困地区经济开发领导小组（1993 年改为国务院扶贫开发领导小组办公室）成立，这标志着中国开始启动大规模、有计划、有组织的扶贫开发。1993 年以来，中国陆续颁发了《国家八七扶贫攻坚计划（1994—2000 年）》《中国农村扶贫开发纲要（2001—2010 年)》《中国农村扶贫开发纲要（2011—2020 年)》。

党的十八大以来，以习近平同志为核心的党中央高度重视脱贫攻坚工作，举全党全社会之力，深入推进脱贫攻坚。习近平总书记的扶贫足迹遍布全国，对坚决打赢脱贫攻坚战提出一系列新思想和新观点，做出一系列新决策新部署。在打好精准脱贫攻坚战座谈会上的讲话中，总书记指出要深刻认识我国脱贫攻坚取得的决定性进展。中国脱贫攻坚力度之大、规模之广、影响之深，前所未有，显著改善了贫困地区和贫困群众的生产生活条件，谱写了人类反贫困历史的新篇章。在脱贫攻坚的伟大实践中，我们积累了许多经验，这些经验弥足珍贵，要长期坚持并不断完善和发展。

2013 年 11 月，习近平总书记在湖南湘西土家族苗族自治州十八洞村考察扶贫工作时，做出了"实事求是、因地制宜、分类指导、精准扶贫"的重要指示，首次提出了精准扶贫的理念。这既是对当地干部群众的嘱托，也是对全国扶贫攻坚战发布的新指令。此后他还表示："深入实施精准扶贫、精准脱贫，项目安排和资金使用都要提高精准度，扶到点上、根上，让贫困群众真正得到实惠。"① "要解决好'扶持谁'的问题，确保把真正的贫困人口弄清楚，把贫困人口、贫困程度、致贫原因等搞清楚，以便做到因户施策、因人施策。"② "十三五"规划建议也指出："实施精准扶贫、精准脱贫，因人因地施策，提高扶贫实效。"这些关于精准扶贫的科学论断，是中国党和政府关于扶贫脱困、经济发展和国家治理思想和理论的创新和升华，对于中国打赢脱贫攻坚战具有重要和现实的指导作用。

在精准扶贫的首倡之地湘西，当地干部和群众从一开始就不负嘱托，瞄准脱贫目标全力以赴，开展各项精准扶贫工作。自从精准扶贫提出之后，湘西每年的1号文件都是聚焦"精准扶贫、精准脱贫"。湘西抓住关键少数，大力推行"州级领导联县包乡、县级领导联乡包村"制度，扎实开展领导干部"三走访三签字"工作，州、县市党政正职每年走遍重点贫困乡村，实地调研解决困难问题，带动了各级领导干部将精力下沉到一线、各方资源聚集到贫困村，州、县（市）委书记"一线总指挥"、乡镇党委书记"主攻队长"、村党支部书记的领导作用得到充分发挥，推动形成了领导精力更集中、乡镇责任更明确、部门作为更积极、驻村队员更尽职、村组干部更细心、群众脱贫更主动的浓厚工作氛围。

湘西坚持把发展产业摆在精准扶贫脱贫"十项工程"之首，大力实施农业特色产业提质增效的"八四五"计划，即培育壮大柑橘、茶叶、烟叶、猕猴桃、蔬菜、油茶、中药材（杜仲、百合）和特色养殖（黑猪、黄牛）八大特色产业。全州特色产业基地面积达430万亩，农产品加工企业937家，培育发展农民合作社5571家、家庭农场2289家，农业特色产业规模化经

---

① 《习近平在云南考察工作时强调　坚决打好扶贫开发攻坚战　加快民族地区经济社会发展》，《人民日报》2015年1月22日第1版。

② 《习近平谈治国理政》第2卷，外文出版社2017年版，第84页。

营、产业化程度明显提升，发展模式创新多样，电商销售势头强劲，集体经济不断壮大。这几年是湘西减贫人口最多、农村面貌变化最大、民众增收最快的时期。湘西的精准扶贫业绩卓著，成效喜人，尽管受到了2020年突如其来的新冠肺炎疫情的冲击，湘西脱贫攻坚战的成果不仅得到了巩固，还在继续扩大，直至取得彻底胜利。

湘西精准扶贫、脱贫攻坚实践的发展和成功，虽然只是中华人民共和国成立以来、改革开放以来，特别是党的十八大以来中国减贫事业的一个缩影和局部，但它同时也是中国共产党执政宗旨、政治优势，以及中国社会主义制度优势的充分彰显。湘西脱贫不断取得成功的生动案例，又一次证明了中国共产党和中国政府有关减贫理论、思想和实践的正确性。所有这些，不仅推动着中国减贫事业前行、不断取得可喜成就，也必将为世界减贫事业提供湘西案例和中国方案，进而为世界减贫事业进程做出贡献。

李新烽，1960年9月生，陕西渭南人。博士，作家，摄影家。中国社会科学院西亚非洲研究所所长，中国非洲研究院常务副院长，中国社会科学院研究生院西亚非洲系主任，二级研究员，博士研究生导师，《西亚非洲》《中国非洲学刊》主编。中国亚非学会副会长，中国非洲史研究会副会长。

李新烽曾是人民日报社高级记者、驻南非首席记者和人民网、环球时报社驻南非特派记者，其足迹遍布大半个非洲大陆。2008年作为人才引进调入中国社会科学院专业从事非洲问题研究。出版《非洲踏寻郑和路》（修订本）及其英文版，《非凡洲游》两部专著和智库报告《新时代中非友好合作：新成就、新机遇、新愿景》、《非洲华侨华人报告》（中英文版）等十多部合著，发表中英文学术论文30余篇。温家宝总理为《非洲踏寻郑和路》题词："山一程，水一程，身向世界行；风一更，雪一更，心怀天下事。"其作品获中宣部第十届精神文明建设"五个一工程奖"、第十六届和第二十七届中国新闻奖、中国社会科学院2012年和2016年优秀对策信息一等奖、中国社会科学院2018年和2019年优秀国家智库报告奖、外交部2013年和2016年中非联合交流计划研究课题优秀奖，以及中国国际新闻奖、冰心散文奖、徐迟报告文学奖、中国改革开放优秀报告文学奖和华侨文学奖等十余种全国性奖项。

刘琪洲，1990年11月生，湖南湘西人。法学硕士。2017年至今任湘西州团结报社新闻记者，走遍湘西的山山水水，深入基层采访，熟悉湘西州情，特别是采写了大量湘西扶贫的新闻报道，其中包括《青蒿为媒"共和国勋章"获得者屠呦呦的湘西情缘》《苦心孤诣茶飘香——挂职副市长、茶叶专家王润龙与他的黄金茶梦》《理清思路　选好产业发展方向——我州探索走出可复制可推广精准扶贫好路子之六》《"搬"来美好新生活——吉首市易地扶贫搬迁纪实》《安居乐业奔小康》等。2018

年，他采写的关于城市惠民工程的新闻报道《七桥飞架惠民生》获首届"湘西新闻奖"。

王南，男，1959年7月生。1987年7月毕业于复旦大学国际政治专业。1990年7月毕业于北京市委党校研究生（班）科学社会主义专业。担任过《人民日报》国际时政版主编。现已退休。

他对非洲问题、中东问题和"一带一路"问题等有一定的了解和研究，曾作为东方卫视、北京电视台、人民网、新浪网、浙江广播电台、北京广播电台等媒体的嘉宾，评论国际问题，还就相关国际问题为有关部门和企业提供咨询。

在《人民日报》、《工人日报》、《环球时报》、人民网、《亚非纵横》、《西亚非洲》、《阿拉伯研究》、《非洲研究》、《亚太安全与海洋研究》、《新丝路学刊》等媒体和学术刊物上发表过相关报道和文章。目前兼职上海师范大学非洲研究中心研究员、上海外国语大学丝路战略研究所学术顾问。为中国亚非学会理事、中国亚非发展交流协会理事、中国非洲问题研究会理事、中国非洲史研究会理事。